N
NO
NE
O
E
SO
SE
S

Catalogación en la publicación - Biblioteca Nacional

Contreras Hernández, Mauricio, 1960
Un sabio no es como lo pintan : vida de Francisco José de Caldas /
Mauricio Contreras Hernández : ilustraciones Gio.

- 1a. ed. -- Bogotá : Editorial Magisterio, 2010.
        p. - (Colección Xue)
        ISBN 978-958-20-1041-6
        1. Caldas, Francisco José de, 1768-1816 - Biografías
        2. Botánica - Investigaciones - Colombia - Siglo XIX
        I. Gio, il. II. Título III. Serie

CDD: 925.8 ed. 20
CO-BoBN- a745385

Un sabio no es como lo pintan

Vida de:

Francisco José de Caldas

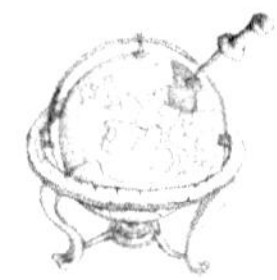

Colección Xue
UN SABIO NO ES COMO LO PINTAN
Vida de FRANCISCO JOSÉ DE CALDAS

Primera edición 2010
MAURICIO CONTRERAS HERNÁNDEZ ©

isbn: 978-958-20-1041-6

Cooperativa Editorial Magisterio©
Diag 36 bis No 20-70
pbx: 2884818
www.magisterio.com.co

Dirección General
Alfredo Ayarza

Editor
Pío Fernando Gaona

Diseño de la colección
Ma. Alejandra Daza

Ilustración
Gio

Diseño y Diagramación
Edwin Angel Florian
mundocreible@gmail.com

Impresión:

Un sabio no es como lo pintan

Vida de:
Francisco José de Caldas

Autor: MAURICIO CONTRERAS HERNÁNDEZ

Ilustraciones: Gio

Nicolás, Sofía y Juan Pablo, quiero
invitarlos a este viaje. Abran la puerta,
y encuentren la luz que ha de guiarlos.

Una noche llena de estrellas

- Francisco, Francisco, ¿dónde te escondes?

Francisco escucha la voz angustiada de su madre desde lo alto del techo de la casa donde ha construido un refugio para poder estar solo.

- Francisco, se hace tarde y no te has vestido. Tu padre nos espera en la plaza y ya envió el coche a recogernos. Dios santo ¿dónde es que te metes? -dice doña Vicenta, gritando-. Niñas, niñas, ayúdenme a encontrar a su hermano.

Con fastidio y resignación, Francisco desciende rápidamente de su escondite preferido. Aunque todavía es de día, el sol que se oculta tras las montañas palidece ante el avance de las sombras. Es su momento preferido pues le encanta observar cómo van desapareciendo los objetos en la oscuridad mientras empiezan a brillar la luna y las estrellas.

- Ya voy madre. ¿Por qué tanto afán? -responde el chico, apareciendo en medio del bullicio que arman su madre y sus cuatro hermanas mayores- ¿Me puedo quedar en casa?

- Mira eso, estás hecho un desastre. Tienes que vestirte apropiadamente.

- Sí. Por tu culpa nos perderemos lo mejor del espectáculo -gritan las hermanas que lucen sus mejores vestidos.

Francisco se echa a reír al verlas dentro de unos trajes abombados que les impiden moverse y hasta casi respirar. Luego se abandona a los cuidados de las mujeres quienes rápidamente lo visten, lo peinan y lo meten, casi a empujones, dentro del coche que arranca velozmente.

El muchacho también se siente incómodo metido en unos pantalones que le quedan demasiado ajustados. Además, la chaqueta lo inmoviliza y hasta para mirar hacia atrás tiene que darse la vuelta como si fuera una tortuga. Se siente metido dentro de una de esas armaduras que ha visto en los libros.

- ¿Por qué hay tanta gente en las calles? -pregunta con desgano.

- Este hijo mío vive en las nubes -murmura la madre-. Hoy son las vísperas de la fiesta de Corpus y van a quemar los fuegos pirotécnicos que tu padre mandó traer de España.

- Y yo me voy a encontrar con ese caballero que me corteja -dice una de las hermanas mientras las otras ríen y cuchichean.

- Pues yo hubiera preferido quedarme en casa mirando las estrellas -replica Francisco, que no entiende tanta algarabía.

Cuando el coche llega a la plaza principal, don Josef, su padre, los recibe de mal humor.

- Mujer, mira la hora que es. ¿Por qué tardaron tanto? Busquemos nuestros asientos antes que lleguen el Obispo y el Gobernador.

Francisco camina distraído por entre la multitud que llena la plaza, agarrado de la mano de su padre. No entiende qué pasa pero le agrada ver los vestidos coloridos de los indios que andan descalzos y alegres. Las campanas de la catedral suenan sin cesar mientras la familia Caldas se acomoda en el palco destinado para las autoridades y para las personas notables de la ciudad.

Es el año de 1778, Francisco acaba de cumplir los diez años y se siente atrapado entre su vestido estrecho y el bullicio que reina en el lugar. La noche ha caído sobre la ciudad y las estrellas iluminan el oscuro firmamento.

- ¿Por qué las estrellas brillan en la noche y durante el día no se observan? -le pregunta con insistencia a su padre.

- Ya tendrás ocasión de saber esas cosas cuando vayas al colegio -le responde don Josef.

- ¿Y cuándo será eso?

- Ya veremos, por ahora compórtate como una persona bien educada. Ya iniciamos todo el proceso pero hay que esperar algún tiempo.

- ¿Y por qué es tan complicado ir al colegio? -. Esta pregunta queda flotando en el aire pues su padre no lo escucha. Se afana en saludar a las personas conocidas y en vigilar que Francisco se comporte adecuadamente.

- ¿Y por qué las mujeres no van al colegio? -murmura para sus adentros.

La algarabía se apacigua mientra una procesión avanza lentamente entre las luces de las antorchas y el murmullo de los cantos religiosos que Francisco repite sin entender. En su cabeza rondan otras inquietudes.

En la procesión desfila todo el Antiguo y Nuevo Testamento, desde Adán, Noé y el Arca, Jonás con su ballena de cartón, hasta los apóstoles y los santos. Junto a esta corte celestial brincan los demonios, danzan los indios y corren las mojigangas.

Detrás marchan muy tiesos y muy majos los oidores y los curas; luego las cruces y estandartes de las parroquias y las cofradías. Delante del Santísimo, clérigos y monaguillos no cesan de quemar incienso.

Después de esa larga y aburrida ceremonia que le produce sueño y en la que se agradece a Dios, a la virgen, a todos los santos, al rey y hasta a su padre, se anuncia el esperado espectáculo de los fuegos pirotécnicos.

Francisco se acomoda en su dura silla de madera y estira la cabeza tratando de adivinar lo que va a ocurrir. Sus hermanas no dejan de fastidiarlo hablando del vestido de fulana, de la peluca de zutano, de los zapatos de mengano.

De repente, una fuerte explosión sacude la oscuridad y una intensa luz roja enciende el cielo que parece romperse en miles de fragmentos luminosos.

- Están lloviendo estrellas -grita Francisco alborozado pero nadie lo escucha.

Una segunda explosión ilumina el cielo y ciega sus ojos que sólo perciben el fogonazo de un verde brillante. La gritería de la multitud se confunde con las luces de colores mientras los perros huyen despavoridos, aullando, en todas direcciones.

- Padre, padre, ¿qué es eso tan maravilloso? -pregunta Francisco mientras observa el resplandor que se extingue lentamente para resurgir más brillante luego de otra explosión.

- Es la pólvora, hijo. La trajimos de España para celebrar esta fiesta.

- ¿Y cómo se hace esa pólvora que produce estrellas? ¿Es distinta a la que usan los soldados en sus armas? ¿Podemos llevar un poco a casa?

Muchas preguntas se atropellan en la garganta de Francisco pero a nadie parecen interesarle. Su madre, doña Vicenta, se afana en vigilar a sus hermanas que revolotean sin cesar, y su padre no le presta atención pues anda ocupado en asuntos de adultos.

Por las cuatro esquinas de la plaza aparecen las "vacalocas" echando fuego por sus cuernos y persiguiendo a quienes se les atraviesan. Todo es confusión y jolgorio pues desde hace varios días han llegado gentes de todos los lugares cercanos para asistir a la celebración de la fiesta del Corpus.

Allí, en medio de la multitud, Francisco José alcanza a distinguir a su primos Camilo y Jerónimo y a sus amigos Miguel, Antonio y Santiago. Todos caminan como pingüinos y se saludan con

cortesía como si fueran grandes.

- Francisco, vamos a torear a las vacalocas -dice Santiago, el más pequeño del grupo.

- Cómo se te ocurre -replica Francisco -. Eso fue lo primero que me prohibió mi padre. Además tengo que vigilar a mis hermanas y estos zapatos me tallan los pies.

- Vamos a divertirnos -añade Camilo-. Fastidiemos a las chicas, no seas tan serio.

- Primo, ¿viste cómo se iluminaba el cielo de todos los colores? -dice Francisco a Camilo-. Quisiera saber cómo funciona eso de la pólvora.

Mientras tanto, bandadas de hombres y niños vestidos con ruanas, camisas de colores, pañoletas en las cabezas y con los pies descalzos disfrutan haciendo maldades a las "vacalocas", pateando bolas de fuego y bailando en grandes rondas al son de la música.

- Esos juegos me aburren y son cosas de indios, no son para gente como nosotros -remata Francisco, recordando lo que le advirtiera su padre.

Antes de que pueda reponerse del asombroso espectáculo de los fuegos pirotécnicos, Francisco se encuentra metido de nuevo en el coche que los conduce a casa. Al llegar, los espera una mesa dispuesta con tazas de chocolate humeante, buñuelos y otras viandas que sólo se preparan en fechas muy especiales.

Francisco permanece silencioso pensando en el misterio de la pólvora que hace llover estrellas. Su madre y hermanas no paran de hablar, comentando lo ocurrido entre sorbos de chocolate y risas.

- ¿Viste cómo te miraba el hijo del Gobernador? -dice la madre, sonriendo con malicia a su hija mayor-. Ya es hora de que pienses en casarte.

- Todas las familias distinguidas me felicitaron por los fuegos pirotécnicos. Nunca antes se había visto algo así en esta ciudad -dice orgulloso el padre.

Francisco se escabulle en medio de estos comentarios, y vuelve a su lugar preferido desde donde puede observar el amplio cielo estrellado. Pero hoy le toca irse a la cama temprano, pues las nubes lo cubren por completo.

Mientras la casa vuelve a su calma habitual, Francisco se mete bajo las cobijas con un cabo de vela de sebo que ha logrado esconder, y un libro que guarda celosamente bajo la almohada.

Aprovechando que sus padres salen a una fiesta en casa del alcalde, se dedica a leer pero no encuentra en ese libro las respuestas a todas sus preguntas. Piensa en lo que le dijo su padre y le entran muchas ganas de poder asistir al colegio. Se lo dirá a su madre para que le ayude, pues es ella quien lo complace en todos sus caprichos.

LAS MATEMÁTICAS TRADUCEN EL PARPADEO DE LOS ASTROS

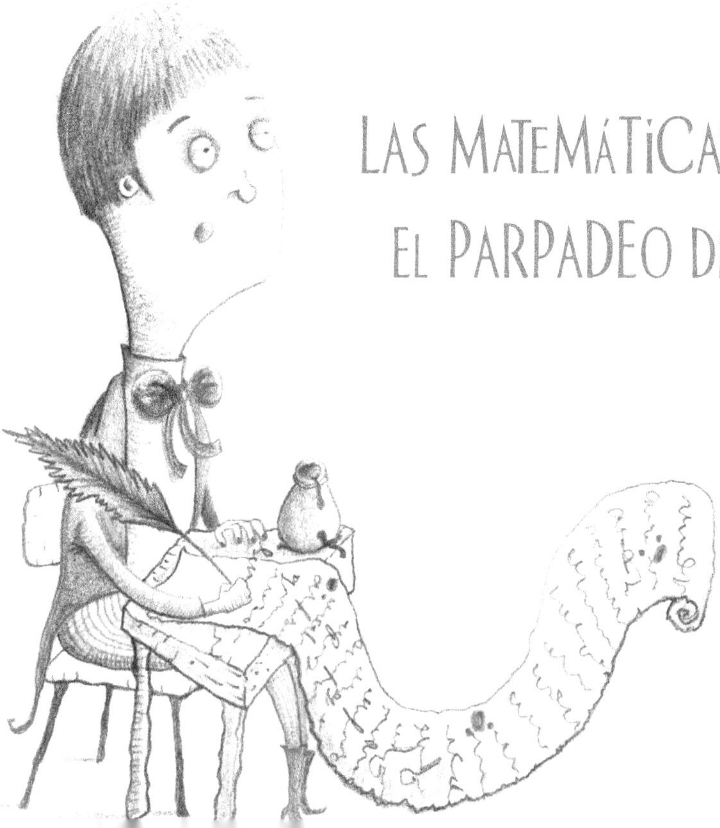

Francisco José cabecea incómodo en su duro pupitre de madera mientras pronuncia con dificultad y hastío las palabras en latín.

- Laudo, laudas, laudare, laudavi, laudatum. Repitan después de mí -dice el profesor con voz profunda.

De pronto se da cuenta que el latín es el mismo idioma en que habla el cura cuando celebra la misa. No acaba de comprender por qué tienen que hablar en una lengua que no es la propia. ¿Acaso Dios sólo entiende en latín?, se pregunta intrigado.

La luz se cuela como harina por las ventanas situadas en lo alto del salón de clase, trazando caminos en la penumbra. El rumor de las alabanzas divinas, repetidas en coro por todos los estudiantes del curso, flota como si las palabras se convirtieran en humo de incienso.

- Laudo, laudas... -repite distraído Francisco José, mientras sus pensamientos viajan por un camino de luz hacia el firmamento lejano, lleno de estrellas y planetas.

Sus divagaciones son interrumpidas por Santiago, su compañero de al lado, que le susurra:

- Psss... Francisco, Francisco...

- ¿Qué quieres? Cállate o nos van a castigar.

El profesor se acerca lentamente, mirando al cielo con los ojos cerrados, mientras mueve la regla de madera en su mano izquierda.

- Ya tengo novia, Francisco. Es tu hermana -dice Santiago, haciendo un altavoz con sus manos. Todos escuchan y una gran carcajada rompe el silencio de la clase.

Francisco se sonroja y siente rabia. Va a responder algo, cuando el viejo profesor carraspea y ordena iniciar la copia del dictado. Los estudiantes sacan sus cuadernos, plumas y tinteros dispuestos a coger al vuelo las palabras para fijarlas con la tinta rebelde sobre la superficie del papel.

- Espero que escriban con buena letra y que no manchen sus cuadernos - advierte el profesor.

A pesar de que Francisco José se aplica a su tarea, no puede evitar que algunos manchones, como extrañas criaturas, aparezcan en la página de su cuaderno.

- Disculpe profesor, puede repetir la última frase -dice tímidamente Francisco, levantando la mano.

Casi siempre pierde el hilo del dictado, pues se demora en trazar cuidadosamente cada palabra, cada letra como le enseñara su madre. Preferiría estar con ella, en casa, con sus hermanas que lo miman y le preparan una buena taza de chocolate caliente.

Aunque también se disgusta con ellas cuando es motivo de burlas y bromas por parte de sus amigos, pues tiene que hacer de hermano mayor como le ha enseñado su padre. Ellas se obstinan en ignorar sus advertencias y siguen en sus juegos y pláticas por lo que él rápidamente olvida su preocupación de hermano mayor para concentrarse en sus fantasías que lo alejan de estas ridículas situaciones.

- Ya casi es la hora de la comida -susurra Santiago-. ¿Me vas a regalar la sopa, Francisco?

- No te voy a dar nada por andar diciendo tonterías -replica Francisco ofuscado.

- Lo siento, lo siento, era una broma. Además no te gusta la sopa -responde conciliador Santiago.

El sonido de las campanas anuncia la hora del rezo de la tarde. Los estudiantes bostezan aburridos.

La vida diaria del colegio se organiza al son de las campanas. A las siete de la mañana, el rezo del rosario que se repite a las siete de la tarde. A las diez de la mañana asisten a la misa diaria. Entre las ocho y las diez de la mañana, toman la clase de la mañana y entre las dos y las cuatro, la de la tarde.

Después del rezo del rosario, los estudiantes vuelven a congregarse para la cena y conversan en grupos, en voz baja, hasta las diez, cuando la campana indica el momento de recogerse en sus cuartos.

- Está bien, Santiago, te doy la sopa pero si jugamos ajedrez en el descanso -dice Francisco, cuando el profesor termina el dictado.

- Es que a mí no me gusta ese juego. Es difícil y siempre me ganas.

- No te concentras por estar pensando en novias.

- Eso es menos aburrido que estar encerrado copiando y copiando sin poder salir a jugar al campo. Además, por andar mirando las nubes y las estrellas no te fijas en las chicas... -bromea Santiago y echa a correr por el largo pasillo rumbo al comedor pues se muere de hambre.

El colegio es muy grande, sus paredes son altas y hace mucho frío. Hoy Francisco come muy poco sintiéndose cansado y durante la noche permanece desvelado, en una especie de ensoñación que le hace confundir los límites de la realidad y el sueño. Las fiebres lo hacen permanecer en cama durante algunos días.

Cuando vuelve a las clases, sus compañeros comentan entre cuchicheos que algo raro está pasando.

- No sabes lo que te has perdido por andar enfermo -le dice Santiago, mientras se afana por llegar a tiempo al salón de clase.

- Pues algo raro debe estar pasando para que seas el primero en llegar -responde Francisco José.

-Ha llegado un nuevo profesor y es muy extraño -dice Antonio, acomodándose en su silla de madera.

Todos los colegiales no cesan de hablar de la novedad y Francisco José, que no aguanta la curiosidad, se acerca al puesto de Antonio para pedirle más detalles. De repente, la clase se paraliza cuando se abre la puerta del salón.

- Buenos días jóvenes -dice una voz cálida y un rostro sonriente ilumina la penumbra.

- Buenos días profesor Restrepo -contestan en coro los estudiantes, levantándose al mismo tiempo.

Francisco se sorprende al notar que el nuevo profesor es muy joven y que camina con dificultad, pues arrastra una bolsa grande y pesada. Algunos estudiantes de las primeras filas se levantan en tropel para ayudar al profesor, pero éste tropieza y cae de rodillas. Una sonora carcajada estremece los muros del colegio.

- Tranquilos, tranquilos mis jóvenes amigos. Si estoy de rodillas no es porque esté rezando precisamente -dice el profesor Restrepo.

De nuevo, todos ríen y el profesor se incorpora, acomoda sus cabellos alborotados, limpia su traje y trata de mantener a raya el tropel de chicos curiosos que se pelean por ver lo que hay en ese costal atiborrado de objetos.

Francisco José espera a que se restablezca el orden y levanta la mano para pedir la palabra.

- Profesor, buenos días. Soy Francisco José de Caldas y no había asistido a sus clases porque estaba enfermo.

- Vaya, vaya, así que eres Francisco José de Caldas. Ya me han hablado de ti. Conque te gustan mucho los libros ¿eh? -responde el profesor.

Francisco se sonroja y no atina a decir nada. Es verdad que ha descubierto que los libros, esos objetos grandes, pesados, forrados en cuero y casi indescifrables, le ayudan a dis-traer sus ratos de aburrimiento y le explican cosas del mundo que siempre ha tratado de entender.

Pero le sorprende que el profesor sepa uno de sus secretos mejor guardados.

El profesor da inicio a la clase, Francisco José se sorprende aún más al ver que no se dedican a copiar el dictado ni a recitar las oraciones en latín.

- Mis jóvenes amigos -dice el profesor -de ahora en adelante vamos a aprender aritmética, geometría y algo de geografía. Así que tienen que estar muy atentos a las explicaciones y a las demostraciones.

- ¿Aritmética y geometría? ¿De qué tratan esas materias? ¿También se aprenden en latín? ¿Y para qué sirven?-. Las preguntas de Francisco José se empujan una a otra formando un alud que lo deja sin aliento.

- Vamos por partes, ya veo que quieres saberlo todo pero debes moderar tu impaciencia. La aritmética y la geometría hacen parte de algo más grande que son las matemáticas. Las matemáticas son la llave que permite conocer los secretos del gran libro de la naturaleza. Y no, mi querido Caldas -continúa el profesor Restrepo-, no tienes que aprender latín porque los números son el lenguaje universal. Con las matemáticas podemos traducir el parpadeo de los astros. Pero también nos sirven para medir la altura de un árbol por la sombra que proyecta y son muy divertidas.

- ¿Y qué es eso tan raro?, nunca había visto algo así -pregunta sin poder contener la risa, el pequeño Santiago, en medio de la excitación que le produce ver las figuras que les enseña el profesor.

- ¿Y qué tienen que ver los números con esas figuras y con las estrellas? -insiste Francisco.

- Estas son figuras geométricas -responde el profesor mientras explica la manera de reconocer y medir ángulos, trazar circunferencias. Luego empieza a realizar operaciones aritméticas.

Los estudiantes reclaman su turno para poder tocar esos objetos tan extraños, pero lo que llama poderosamente la atención del joven Francisco José es una extraña esfera que permanece sobre la cátedra.

- ¿Y eso qué es profesor? -pregunta Caldas que se ve arrastrado como por un remolino con estas novedades, refrenando su deseo de abalanzarse y tomar entre sus manos ese objeto esférico que lo atrae como un misterio oculto.

- Mi querido Francisco, esto es un globo terráqueo. Como sabrás, la tierra es redonda y está representada en esta esfera -dice el maestro. El globo terráqueo circula por entre las filas de pupitres.

Un alboroto juvenil rompe la seriedad del salón de clases. Todos quieren tocar y saber para qué sirven esos instrumentos que nunca antes habían tenido al alcance de sus manos.

Por primera vez la clase transcurre entre preguntas, risas, revoloteos y comentarios y la figura juvenil del profesor Restrepo se

confunde con las de sus alumnos que estiran sus cabezas para apreciar mejor la novedad.

Francisco José no puede refrenar su curiosidad y sin pedir la palabra se arriesga a preguntar:

- ¿Cómo puede ser posible que ahí esté representada la tierra, profesor? ¿Acaso es posible medir distancias tan inmensas y trasladarlas a un objeto tan pequeño?

- Calma, Francisco, calma. Ya habrá tiempo de resolver todas tus inquietudes. Todos los días tendremos clase a esta hora -responde el profesor.

Francisco José siente que la fiebre que recorre su cuerpo no es un síntoma de enfermedad. Una sensación que no había experimentado antes lo llena de alegría y se abandona a ella por completo. Sabe que algo nuevo ha llegado a su vida con esas figuras geométricas, con los números y con ese globo terráqueo que quisiera tener solo para él.

Muchas inquietudes se agolpan en su mente y se siente transportado en una especie de éxtasis más allá de las gruesas paredes de su encierro. Lo embarga la sensación de quien sabe que ha descubierto algo, pero sin saber qué.

Sospecha que al fin podrá viajar por esos senderos de luz que lo conducirán más allá de las altas ventanas del colegio, hacia el universo. Las palabras del profesor Restrepo sobre observar los astros, trazar mapas, medir las alturas de las montañas sin moverse de su puesto, no lo dejan dormir.

Francisco José pasa en vela la noche de su cumpleaños dieciséis, mirando por la alta ventana del dormitorio las pocas luces que titilan en lo alto.

Habrán de transcurrir varios años para que pueda desentrañar el secreto del descubrimiento que acaba de hacer. Años que pasará encerrado en las aulas de dos colegios, aislado de la naturaleza y de su pasión por observar los eclipses de la luna y los planetas o el anillo de Saturno que le parece algo imposible de creer.

Años en los cuales llegará a descubrir las sutiles relaciones que vinculan los números con las montañas, con los mapas y con el agua hirviendo. Todo, gracias a su perseverancia que su padre califica de terquedad, pero gracias también a la observación y a la experimentación.

Comprenderá durante sus años de viajes, trabajos y desventuras que ha descubierto una manera de divertirse aprendiendo.

Encuentra los objetos
de Caldas

Recorriendo Cielo y Tierra

Mientras avanzan hacia la cordillera cubierta de niebla espesa, el camino se hace más estrecho y difícil de transitar. Las mulas, cargadas con baúles llenos de ropa, telas, y otros objetos que piensa vender en Neiva y Timaná, se atascan entre el barro.

- Camilo, Camilo, no te quedes atrás -grita Francisco José, dirigiéndose a su hermano menor que lo acompaña en este viaje.

- Trato de evitar que las mulas se echen o que se devuelvan, si lo hacen, estamos perdidos -responde Camilo, chapoteando entre el fango que le llega a las rodillas.

El arriero indio trata de conducirlas propinándoles latigazos y maldiciones pero las bestias se niegan a seguir adelante. Francisco José no ha escuchado tal cantidad de palabrotas en los 27 años que tiene de vida.

- No las maltrate, es mejor que las lleve de cabestro -le grita Camilo, tratando de protegerse contra un árbol de la lluvia y el viento que no permiten ver ni oír más allá de dos pasos.

- No venga a enseñarme señorito que sumercé no sabe de eso -replica el indio de mal humor-. Estas mulas parece que tuvieran el diablo adentro, pero lo que es a mí, no me la ganan.

Abajo, en las profundidades de esa garganta braman las aguas embravecidas del río Páez. Francisco José teme por lo que pueda suceder, pues en esos pesados baúles que las mulas cargan sobre sus lomos, acarrea toda su fortuna y la de su familia, además de los termómetros, tubos y recipientes de vidrio, y otros delicados instrumentos que usa para realizar sus experimentos, los que le interesan más que cualquier otra cosa sobre la tierra.

De repente, sucede lo inevitable. Una de las mulas corcovea, relincha y resbala arrastrando la recua hacia el fondo del abismo. Nadie puede hacer nada, sólo atinan a ver cómo desaparecen en la negrura de ese precipicio sin fondo.

- Se lo dije, yo se lo advertí pero no hizo caso y vea -recrimina Camilo al arriero indio que parece un ser salido de ultratumba.

- Tranquilo señorito, estaría de dios, yo sí sabía que esas malditas mulas estaban poseídas por el diablo -responde a modo de disculpa mientras busca refugio-. Nada podemos hacer contra la voluntad divina.

- ¿Contra la voluntad divina o contra su terquedad que es mayor que la de todas las mulas juntas? -le reprocha Francisco José, ofuscado por el percance, por la lluvia y sobre todo por haber perdido algunos de sus instrumentos para medir la altura de las montañas y observar los eclipses que se anunciaban para esta época.

- ¿Y ahora qué haremos, Francisco? -pregunta Camilo, casi llorando y totalmente cubierto de barro.

Hace seis días que salieron de Popayán y ya deberían haber completado el viaje. Pero ahora todo está perdido, todo se ha ido al abismo. Tres mil pesos suma la pérdida de las telas y los objetos que Francisco José pensaba vender, para ayudar con las penurias económicas de su familia que ya es numerosa.

Allí, perdido en la soledad de las montañas, Francisco recuerda a su padre advirtiéndole:

- No dejes el trabajo como abogado, mira que para eso te graduaste. ¿Cómo vas a ayudarnos? Mirar estrellas y recoger plantas puede ser muy importante pero no produce dinero.

- ¿No ves que el trabajo como abogado me enferma, me aburre? Prefiero recorrer cielo y tierra vendiendo telas y cachivaches para dedicarme a lo que más me gusta.

- ¿Y qué es lo que más te gusta? ¿Andar entre mulas y arrieros, vendiéndole baratijas a los indios que no tienen dónde caerse muertos? -replica su padre entre irónico y enfadado.

Una vez que llegan a la posada, se bañan y cambian sus ropas. Francisco se dedica a ordenar sus papeles, plumas y frascos de tinta que, por fortuna, no se perdieron, mientras consuela a su hermano menor y al indio, que le besa las manos disculpándose por lo ocurrido.

- Bueno, mañana haremos algo más divertido que arrear mulas. Vamos a buscar y a recoger plantas.

- De eso sí que sé sumercé -dice el indio, contento, pues no recibió castigo alguno-. Yo conozco la yerba que cura la mordedura de serpiente, la que alivia las fiebres, la que sirve para el mal de amores, la que ayuda al parto de las mujeres, la que desvanece los tumores. De eso sí que me enseñó mi mama vieja.

- Está bien, veo que sabes mucho de plantas. Acompañarás a Camilo por esta ladera arriba y recogerán muestras de las que curan las fiebres. Traigan las que más puedan.

- Esa es la que llaman los "polvos de la condesa", mi amo.

- Se llaman quinas y hay muchas variedades.

- Usted sí que habla raro, pu'aquí las nombramos distinto.

Cuando su hermano y el indio salen a cumplir su misión, Francisco José se sienta a escribir una carta a su amigo Santiago Arroyo, quien hace varios años vive en Santafé, en la que le cuenta sus viajes y desventuras.

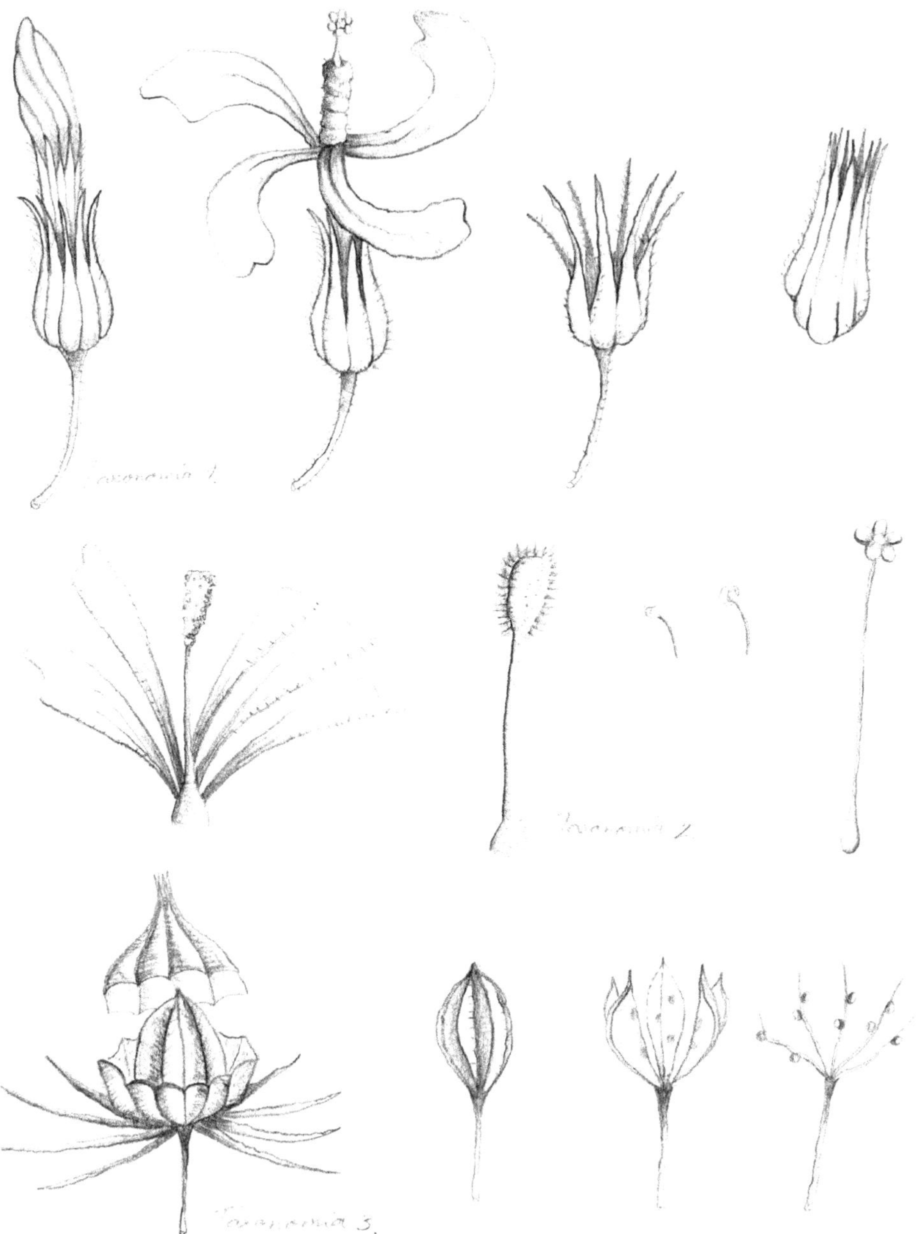

Mi estimado don Santiago:

Después de haber gastado treinta días en pasar un camino que se hace en doce horas llegué a Gigante. Un bribón me engañó vendiéndome mulas resabiadas a cargo de un indio arriero terco. Temiendo algún accidente. mi hermano Camilo le advirtió que llevara las mulas de cabestro. Ese haragán no le obedeció y en una estrechura peligrosa se desbarrancó la mula con carga y todo. de la que no hay ni noticia y la cual aprecio en tres mil pesos. Pero más que culpa del indio es culpa de las autoridades que no se preocupan por arreglar los caminos.

He visto la impresionante erupción de un volcán vomitando agua. lava y lodo. También conocí las desgracias causadas por el terremoto que produjo hundimientos de la tierra y ríos de lodo que acabaron con la mayor parte de hombres. ganados y haciendas. ¿Qué hay de nuestros amigos Camilo. Antonio y de su familia? Le ruego que me ayude a conseguir algunos libros de botánica. un termómetro. unos tubos de barómetro y los mapas que necesito con urgencia.

También le cuento que estoy aplicado en aprender a dibujar. pues se me hace necesario para mi trabajo.

Soy siempre de usted. y nunca variará el afecto que le profesa su verdadero amigo.

Caldas. julio de 1796.

Después de un viaje de varios meses, Caldas regresa con su hermano Camilo a Popayán con una carga de más de 50 bultos de plantas y con su cartera llena de papeles con dibujos de plantas, animales, rutas de caminos y muchos números. Y como era de esperarse, sin muchos resultados en su aventura como buhonero.

Sin embargo algo más lo obsesiona. Sabe que para hacer un mapa del país necesita observar algunos eclipses de los satélites de Júpiter, pero no tiene los instrumentos apropiados. Mirando los libros que su amigo Santiago le ha enviado, copia los dibujos y se propone construirlos él mismo. Sabe que los únicos que pueden ayudarle son sus amigos los artesanos de la ciudad, los que funden metales, los carpinteros, los que trabajan con las manos construyendo objetos.

- Maestro Martín, quiero que me ayude a construir esto -le dice a su amigo el carpintero. Éste mira la hoja de papel arrugado donde hay dibujado un extraño aparato y se rasca la cabeza.

- ¿Está loco señor Francisco? ¿Qué diablos es eso? -responde Martín-. Mejor ayúdeme con este listón de madera.

- No estoy loco, Martín, y esto se llama un "cuarto de círculo". Sirve para observar los planetas y fijar su posición con respecto a la tierra.

- Bueno, entonces el loco seré yo porque no entiendo nada de lo que hablas, pero voy a ayudarte. Primero, tienes que conseguir una madera muy resistente, también necesitamos marfil, plomo y la ayuda del herrero y del platero -dice Martín, después de examinar cuidadosamente el dibujo y de escuchar atentamente las explicaciones de Francisco.

- Pero no tengo cómo pagarte, mi padre apenas consigue para mantener la familia y cuando trato de ayudarlo todo me sale mal -añade Francisco convencido de lo que está haciendo -. Y tranquilo, que serás famoso como yo.

Finalmente, con la ayuda de sus amigos el carpintero, el platero y el herrero, Francisco José se sale con la suya. Ha logrado construir su "cuarto de círculo" utilizando madera de árbol de diomate, algo de marfil que obtuvo de las joyas de sus hermanas, una aguja, un poco de plomo y hasta un cabello que recogió del peinador de su madre.

También se las ingenia para construir un pequeño telescopio y arma un observatorio astronómico en el patio de su casa, utilizando las piedras de moler que usan las indias que trabajan en su casa.

Desde su observatorio improvisado, Caldas pasa las noches en vela observando los eclipses de la luna, de los satélites de Júpiter y el anillo de Saturno, así como toda clase de fenómenos celestes.

Durante el día se dedica a realizar cálculos y operaciones aunque avanza poco porque no sabe nada del idioma griego y, en todos los libros de astronomía que consulta, las estrellas son nombradas con letras de ese idioma.

Desesperado, le escribe cartas a su amigo Santiago pidiéndole que, como sea, le consiga y envíe un alfabeto griego, el cual le llega meses después.

Su madre se preocupa por la salud de Francisco y su padre no sabe qué hacer. La familia ha crecido y el hijo mayor no parece estar interesado en algún trabajo que le produzca dinero.

Así, en medio de sus estudios y desvelos, Caldas cumple 32 años. Aún no se ha casado a pesar de los intentos de sus hermanas, pero quizás no hay persona más feliz y ocupada en el Nuevo Reino de Granada que Francisco José de Caldas.

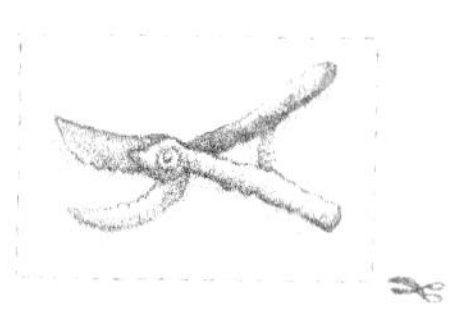

Humboldt

Un sabio no es como lo pintan

Francisco José observa, a través de la ventana de la sala de su casa, el volcán Puracé que reposa envuelto entre la niebla. Piensa en escalarlo para medir su altura, para saber por qué explota, para ver de cerca el azufre y la nieve que los indios traen a su casa, después de subir y bajar descalzos hasta la cima, mientras escucha distraído a su padre.

- Francisco, tienes que viajar a Quito. Así no te guste, eres el abogado de la familia y ahora necesitamos de tus oficios en esa ciudad.

- Padre, ustedes me encerraron en el colegio para estudiar como abogado y, a pesar de los castigos, yo no le pude tomar gusto a esos estudios y perdí los años más preciosos de mi vida.

- Ya lo sé Francisco, pero nuestra situación económica no da espera. Tenemos que resolver ese pleito y sólo tú puedes hacerlo.

Caldas enfrenta en este momento un terrible dilema. O ayuda a su familia o se dedica a la astronomía, a la botánica y a la geografía que son sus pasiones pero que no le producen recursos con qué ayudar al sustento de su familia.

La luna llena ilumina el cielo y Francisco José trata de ordenar sus pensamientos revueltos. Resuelve aprovechar ese viaje para continuar con sus investigaciones sin tener que contrariar a su padre. Sabe que cuenta con el apoyo de sus amigos que confían en él, así que rápidamente toma una decisión.

- De acuerdo padre, viajaré a Quito. No se hable más.

Inicia los preparativos del viaje dando instrucciones precisas a los peones para que protejan sus delicados instrumentos. También escribe cartas a sus amigos en las que describe los proyectos que piensa adelantar durante esta correría.

Caldas sale de Popayán hacia Quito, el 11 de agosto de 1801, con la convicción de que está cumpliendo lo que el destino le tiene preparado, ser un sabio. Aunque todavía no sabe cómo lograrlo.

- Me propongo medir las alturas de las montañas aplicando el método que he descubierto -le escribe Caldas a sus amigos-. Para lograrlo necesito unos buenos termómetros y barómetros. También me hacen falta esos libros que reposan sin lectores en algunas de las bibliotecas de Santafé.

- Ya hemos hablado con el doctor Mutis de tus trabajos y pronto te escribirá. Por ahora quiero que me envíes algún escrito para publicarlo en el periódico que acaba de aparecer por acá -le escribe su amigo Santiago desde Santafé.

Durante el viaje, los peones indios contratados para acompañarlo no cesan de murmurar entre ellos. Todo lo que hace Francisco José les parece extraño. Después de atender las faenas del mercado dominguero, su amo no les permite irse de juerga a emborracharse como es su costumbre.

- Necesito que carguen con todo cuidado mis instrumentos hasta lo alto de aquella montaña.

- Sumercé, los indios andan descontentos -replica el capataz-. Quieren irse de fiesta.

- Primero está la ciencia -murmura Francisco-. Trata de convencerlos, para eso se les paga.

- Ay, mi amo, sumercé sabrá mucho pero no de tratar con indios. ¿Y si es tan sabio qué hace por estos montes pasando dificultades?

- ¿Acaso piensas que yo soy un sabio?

- Pues todos lo dicen allá en su pueblo. Y no me pregunte de eso que me enreda y me confunde. Más bien dígame lo que debo hacer.

Francisco José también se siente confundido. No sabe qué significa ser sabio pero atisba el misterio de esa palabra. Perdido en la soledad de esas montañas, lejos de todo, no acierta a comprender qué es lo que busca.

De repente, descubre que todo está ahí mismo a su alrededor, al alcance de su mirada, de sus manos. Comprende que es la naturaleza la que lo llama, la que reclama su atención. Sin perder tiempo saca la pluma y escribe con asombro, como si algo oculto se revelara ante sus ojos:

"¡Este paisaje es tan nuevo y tan raro para mí, para mí que había pasado tantas veces por estos lugares, que tanto me divertían y admiraban, y no lo había notado. Pero ahora todo me llama, todo me ocupa. Estoy hecho todo un observador, he aprendido a mirar con ojos nuevos!".

Animado por esa convicción, Francisco José transita caminos llenos de peligros, empeñado en saber qué lugar ocupa este país en el universo, venciendo obstáculos para poder conocerlo y habitarlo.

—Querido Santiago —le escribe a su amigo—, vivimos en un país en que se nos ha cerrado el camino a la sabiduría. Si por lo menos pudiéramos algún día saber lo que sabe un niño europeo.

Entretanto, otro sabio llega en barco a Cartagena desde la lejana Europa. Se trata de Alexander Humboldt, científico alemán, quien viene a tierras americanas en viaje de exploración y en busca de aventuras, acompañado de Aimé Bonpland, joven botánico francés.

La noticia de la llegada de estos personajes a la Nueva Granada se difunde rápidamente y sorprende a Caldas viajando por el sur, en la población de Ibarra. Hubiera querido estar en Popayán para recibir a tan ilustre visitante pero espera encontrarlo en Quito.

Decidido a no perder la oportunidad de tratar con este famoso

sabio, Caldas escribe cartas a sus amigos para pedirles que pro-
picien este encuentro.

—Mi querido Antonio, tengo que mostrarle mis trabajos al
barón, estoy resuelto a aprender todo lo que pueda de este sabio
viajero, no dejes de recomendarme con él para que me trate con
distinción y me enseñe sus descubrimientos.

—Ya hablamos con el doctor Mutis y él se encargará de ese
asunto del viaje. Por ahora, estamos haciendo todo lo posible para
que lo acompañes en sus correrías.

—Ah, cuánto agradezco la confianza y amistad que deposi-
tan en mí. Por favor Antonio, dime todo lo que sepas de él ¿Ya
lo viste, habla español? ¿Es cierto que es noble y distinguido?
¿Cómo podré presentarme ante él, vestido con estas ropas tan
humildes? ¿Cómo debo hablarle?

Lejos estaba Francisco José de imaginar que mientras andaba
recorriendo parajes remotos, Humboldt había llegado a Santafé y
ya tenía noticias de él y sus trabajos. Su paisano y protector Lino
de Pombo, se había encargado de presentarlo como el "sabio" de
la comarca.

Las cartas se demoraban muchos días en llegar y Caldas tampoco
se enteró que Humboldt viajó a Popayán por sugerencia de Mutis. Allí,
visita la casa de Francisco José y se asombra de lo que encuentra.

- Este que llaman "sabio", el señor Caldas es una maravilla en astronomía -le escribe a Mutis-. Me sorprende que con instrumentos construidos de manera rudimentaria, obtenga cálculos tan exactos. No exageraban aquellos que me hablaron tan bien de este personaje.

Mientras Humboldt y sus acompañantes viajan rumbo a Quito, Caldas realiza diversas actividades de medición de las alturas mediante el uso del termómetro y del agua hirviendo. Le cuenta esto a su amigo Santiago y le pide que guarde el secreto. También le pide noticias de Humboldt y Mutis.

- Mi querido Francisco José -le responde Santiago-, algunos amigos tuyos hemos convencido a Mutis para que te recomiende como acompañante del barón en su viaje, también estamos haciendo recolectas de dinero para tus gastos. El alemán está muy sorprendido con tus trabajos y lo comenta en público, ya casi eres una celebridad.

- Querido Santiago, no sabes lo feliz que estoy. No puede creerlo. Que el barón de Humboldt reconozca mis humildes observaciones y las compare con las suyas me llena de un gran orgullo. He esperado este momento toda mi vida. Desde ya tengo planes para lo que pienso hacer cuando viaje en su compañía. No hallo la hora de encontrarme frente a él.

Después de algunos meses se produce tan esperado encuentro.

Mientras tanto ha tenido la ocasión de leer lo que Humboldt opina de él y de sus trabajos. Lleno de emoción viaja a Ibarra y allí recibe a los ilustres sabios europeos.

- ¿Es usted el señor Caldas? -pregunta Alexander Humboldt-, dirigiéndose con la mano extendida a Francisco José.

- Sí, barón. Para mí es un gran honor conocerlo.

Caldas no puede disimular su vergüenza al comparar las ropas del barón, impecables y ricamente adornadas, con las suyas ordinarias y descompuestas.

- He visto sus trabajos de astronomía y geografía -continúa el barón, hablando en voz alta-, y me parecen muy precisos. El padre de usted, sin su consentimiento me ha enseñado sus cuadernos de notas y déjeme decirle que lo felicito. Es usted un sabio en este rincón del mundo donde sólo hay dificultades para la ciencia.

Esto ocurre el 31 de diciembre de 1801, a las once de la mañana. Caldas tiene 33 años y Humboldt 32 aunque parece mucho más joven que Francisco José.

Durante los días que siguen, Caldas no cabe en sí de la dicha. Se siente el hombre más afortunado del universo. Acompaña al barón a escalar las montañas y volcanes cercanos a Quito, puede manipular los instrumentos del gran científico, leer y copiar a mano los libros que éste trae consigo y, sobre todo, hacerle miles de preguntas a las que Humboldt contesta sin reservas.

- No tengo palabras para expresarle cuánto me ha enseñado este sabio alemán. Es un hombre singular y raro, su compañía me arrebata y quisiera seguirlo hasta el fin del mundo -le escribe a Santiago-. Ayúdeme usted con mis amigos para poder recoger siquiera mil pesos y así garantizar mi viaje como acompañante del barón.

Caldas vive días de euforia pues confía que por fin se hará justicia. Su nombre y sus trabajos serán conocidos en todo el mundo, junto a los del barón de Humboldt y, por qué no, hasta del gran Linneo. No cesa de escribir cartas en las que expresa su orgullo y traza planes de todo lo que hará durante el anhelado viaje.

Sin embargo, hay momentos en la vida de ciertas personas en que parecieran juntarse la luz y la oscuridad, la alegría y la más profunda decepción. Instantes en los que se decide el futuro de una vida sin que nadie pueda cambiar el curso de los acontecimientos. Los griegos lo llamaban destino, Caldas lo asumirá como una especie de fatalidad que lo ha de acompañar hasta su muerte.

Pues bien, para Francisco José de Caldas uno de esos días fue el 3 de abril de 1802. Estando en su casa, a las dos de la tarde, un criado le trae una carta de Mutis en la que le informa que todo está arreglado para que viaje en la expedición de Humboldt.

Da vueltas por la casa repitiendo en voz alta lo que dice la carta, agradeciendo a Mutis y al cielo por tanta felicidad. Despierta

al peón indio que lo acompaña para contarle la noticia.

- Puss, ¿entonces sumercé se nos va? ¿Y ya le pidió permiso a
su señora madre y a su señor padre? No se vaya a volver, mi amo,
tan estirado como esos señores importantes que casi ni me hablan
-rezonga el indio.

Acto seguido, Caldas corre hasta la casa donde se aloja el
barón, éste lo recibe con frialdad e indiferencia.

- Señor barón ¿ha recibido usted noticias del doctor Mutis?

- No, querido Francisco -responde Humboldt sin darle mucha
importancia-, no he tenido noticias de él.

- Pero barón, si acabo de recibir una carta donde...

- Mi amigo -dice el barón sin dejar terminar la frase a Francisco José-, le he mentido a usted. El señor Mutis me habló larga-
mente del asunto pero he resuelto viajar solo. No se lo había dicho
pues no quería causarle ninguna pesadumbre.

Caldas encaja como un puñetazo esta terrible noticia que
estremece su corazón, como si un rayo lo hubiera alcanzado. Todo
le da vueltas y sus ilusiones desaparecen como si un gran hoyo
negro se lo tragara.

Queda allí plantado frente a la puerta que el barón cierra en
sus narices, negándole la entrada a su círculo de allegados. No
entiende por qué Humboldt prefiere viajar acompañado de un joven noble que ni siquiera sabe trazar un ángulo, que se desmaya

cuando camina por las montañas.

No acierta a comprender las razones de tal decisión. Él, cuyos trabajos son elogiados por el sabio europeo, se considera el candidato mejor preparado para acompañar y trabajar al lado de quien le puede enseñar tanto. Pero esto no ocurre y la vida continúa.

Tiempo después, pasada tan profunda decepción, Caldas le escribe a su amigo Santiago:

- Santiago, no sabes cómo me sentí cuando el barón se despidió amablemente de mí como si nada hubiera pasado. Del colmo de mi gloria pasé a la melancolía más profunda y a la desesperación. Pero bueno, ya tengo otros planes y pienso viajar a Santafé para unirme a la Expedición Botánica. No sé en qué me equivoqué, le mostré mis trabajos para que me señalara los errores, he hablado poco sin fastidiarlo, le he hecho muchas preguntas para aprender de él. Pero desde el primer día supe que algo nos distanciaba.

Tomando fuerzas frente a esta desventura, Francisco José se dedica a organizar proyectos que le permitan viajar por las diversas regiones del país, reconociendo sus riquezas en plantas y animales, trazando caminos y mapas, sirviéndole a Mutis en la recolección y clasificación de las quinas, en fin, aprendiendo para poder ser útil y divertirse.

- Ay, mi querido Santiago, un sabio no es como lo pintan.

EXPEDICIÓN A LA BOCA DEL INFIERNO

Después de muchos preparativos, emprendimos la expedición que nos habría de conducir al cráter del volcán Inbabura. Luego de que nos avisaran que las cabañas de nuestro primer campamento estaban construidas, iniciamos el ascenso.

Armado de mi barómetro, termómetro, octante y brújula, partimos con los indios que nos guiarían en la montaña. Gastamos cinco horas en subir hasta el primer campamento. Era ya medio día cuando llegamos y no pudimos continuar, así que resolvimos dejar la subida para el día siguiente.

Envueltos en nubes y penetrados de frío pasamos la tarde y yo me ocupé en describir y diseñar algunas plantas. El termómetro marcaba cuatro grados sobre cero. Las cabañas no tenían la comodidad necesaria para mantener a un hombre de pie y estaban muy mal cubiertas, los indios habían hecho un mal trabajo.

Con las primeras luces del día me puse en pie y comencé a disponerme para este viaje que tanto deseaba. Con un bastón de madera en la mano, y precedido de tres indios, cargados con mis instrumentos, partí de este campamento con una alegría y un entusiasmo extraordinario.

Comenzamos a escalar esta terrible montaña, el cráter es inaccesible por todas partes, excepto por el oriente. No se puede dar un paso sin horror por la orilla de espantosos precipicios. El sendero tiene menos de un metro de ancho y en algunos lugares es preciso agarrarse de las ramas para no precipitarse a estos abismos.

Caminamos por sobre la nieve que había caído durante la noche, mi termómetro marcó un grado bajo cero. Todo el camino, si así puede llamarse a unos escalones tallados en la roca, estaba cubierto de granizo y mis pies estaban entorpecidos por el frío penetrante que aumentaba por momentos.

De precipicio en precipicio, llegamos a las nueve de la mañana a la orilla del cráter. Yo iba agotado de sudor y de cansancio.

¡Qué espectáculo! El horror y un secreto placer se apoderaron de mi alma. No me cansaba de ver y admirar de cerca esta naturaleza espantosa. Bocas quemadas y destrozadas, arena, azufre, nieve, greda, precipicios y confusión era el paisaje que se presentaba a mis ojos.

Yo conocía la altura de este volcán por mis medidas geométricas pero deseaba conocer la profundidad de este cráter y recolectar muestras de las diversas materias que lo componen, así que resolví bajar al fondo de este abismo.

Mientras planeaba el mejor modo para descender, se precipitó un gran alud de piedras y arena, lo que me hizo advertir un nuevo peligro que no había considerado hasta ahora. Nosotros nos dirigíamos hacia el punto más peligroso, al que iban a parar todos los materiales que se desprendían de las laderas.

El deseo de medir esta profundidad, de tocar de cerca este lugar de horror me resolvió a arriesgarlo todo, y comenzamos a bajar por el lugar que nos pareció menos rápido y peligroso. Delante de mí iba un indio práctico de la montaña cargado con mi barómetro, y yo lo seguía a tres o cuatro pasos de distancia.

Ya habíamos bajado como un tercio de la profundidad cuando nos sorprendió un alud de pequeños fragmentos de piedra. Yo vi que mi guía la atravesó con facilidad y aunque temí seguir, al ver que él había logrado pasar, me animé y entré en el peligro.

Apenas había dado tres pasos sobre la superficie de piedra pómez cuando veo que todo se estremece y, sin poder sostenerme en pie, me siento. Estando en esta posición comienzo a precipitarme hasta el fondo de este espantoso cráter creyendo que había llegado el fin de mi vida.

Grito al indio que me guía y este hombre generoso voltea y, viéndome perdido, avanza hacia mí con una intrepidez inaudita. Se arroja hacia donde me encuentro y cogiéndome del brazo me lanza lejos del precipicio, salvándome la vida.

Mi alma pasó en este momento
de todos los horrores de la muerte
a los sentimientos del más dulce y
vivo reconocimiento. ¡Ah! transportado, beso la mano de mi salvador y
le testifico de todas las maneras mi
agradecimiento sin fin. Este indio se
llama, porque es justo nombrarlo,
Salvador Chuquín.

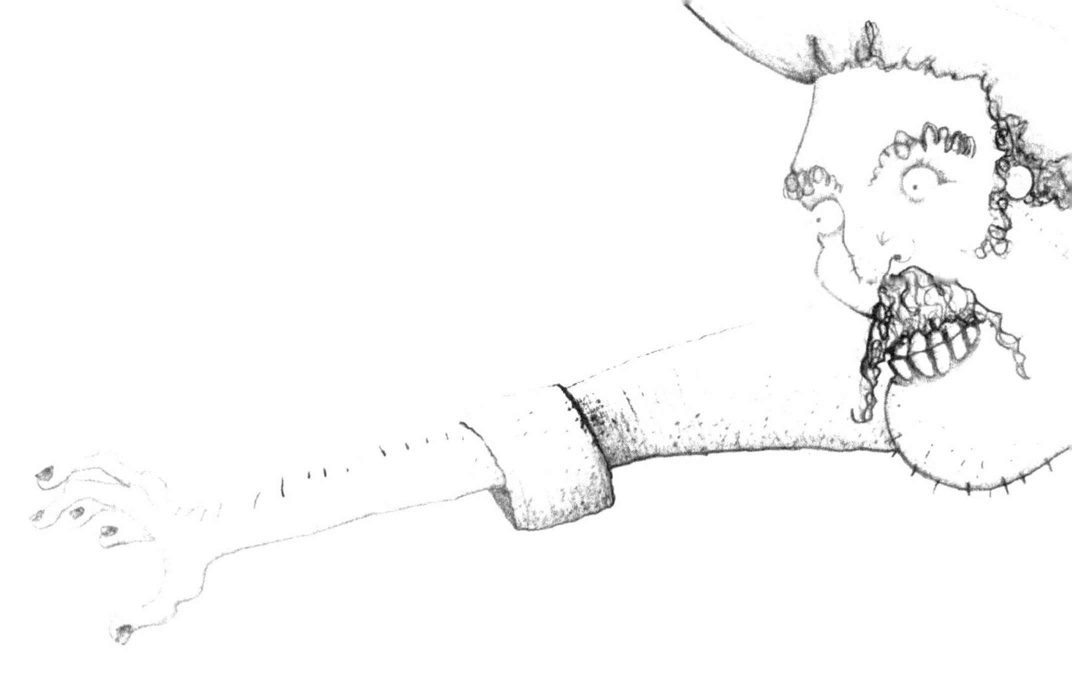

Repuesto del gran riesgo
pasado no pensé sino en continuar
mi descenso, lo que conseguí con
felicidad. Yo temblaba en el fondo
de este cráter. Porque por todas
partes nos amenazaban las rocas, y
creo que al menor viento habríamos
perecido todos debajo de ellas.

Para fortuna nuestra no pasó nada mientras nos mantuvimos en esta región del espanto y del horror, en esta boca del infierno, y yo no pensé en otra cosa que en hacer mi observación del barómetro.

Inmediatamente comenzamos a subir por el lado opuesto para reconocer completamente el cráter. Era necesario ponernos a grandes distancias unos de otros y subir con el mayor pulso, porque todo se desmoronaba, y una imprudencia del primero habría hecho perecer a los que le seguían, sólo con que alguna piedra rodara.

Subimos paso a paso y, de repente, mi guía se negó a continuar. Me advirtió que era preciso volver sobre nuestros pasos hasta el fondo del cráter para tomar el mismo sendero por el que habíamos bajado. No quería, y lo escribo con horror, tener que pasar por el mismo precipicio donde había estado a punto de morir.

Le puse de presente al indio Salvador Chuquín que me causaba mucho temor volver por el mismo lugar y lo comprometí a buscar otro camino cualquiera. Él se tomó un tiempo en reconocer el terreno, y volvió diciendo que no quedaba otro recurso para salir de este lugar que tomar el mismo camino u otro más peligroso que el primero, pero era de roca pura.

Yo pensé por unos momentos, vi el nuevo sendero que Salvador me indicaba y temblé. Estaba en una situación que era como enfrentar a dos monstruos, pero era preciso resolverse con prontitud antes de perecer por alguna roca desprendida de lo alto por el viento.

Elegí a todo riesgo el camino sobre la roca y comenzamos a salir. Una profundidad espantosa a la derecha, otra, aunque menor, a la izquierda, me esperaban al menor desliz de mis pasos. Con manos y con pies nos afirmábamos para subir esta terrible roca, y después de un tiempo que me pareció eterno, llenos de sudor y de cansancio alcanzamos con felicidad la boca por donde habíamos entrado.

Aquí pudimos tomar un breve descanso para poder atravesar los precipicios que nos esperaban. Para colmo de males comenzó a nevar y a caer hielo. Este granizo mojó el sendero y lo puso en estado de no poder dar paso sin riesgo de nuestra vida. Por consejo de Chuquín, este indio tan amado para mí, pues me había salvado la vida, me quité el calzado, y a pie descalzo empezamos a bajar. En algunas partes era necesario caminar sentado para no rodar al fondo de estos abismos.

En fin, a fuerza de constancia y maña volvimos bien tarde a las chozas de nuestro campamento que no distaba más que media legua, en línea recta, del cráter que habíamos visitado pero que nos llevó justo a la boca del infierno, todo por amor a la ciencia.

MUCHOS CAMINOS TIENE LA SABIDURÍA

O fiebre ❀ plantas de cocina ★ Presagios ⌂ Hogar ✗ yo ☕ Cacao

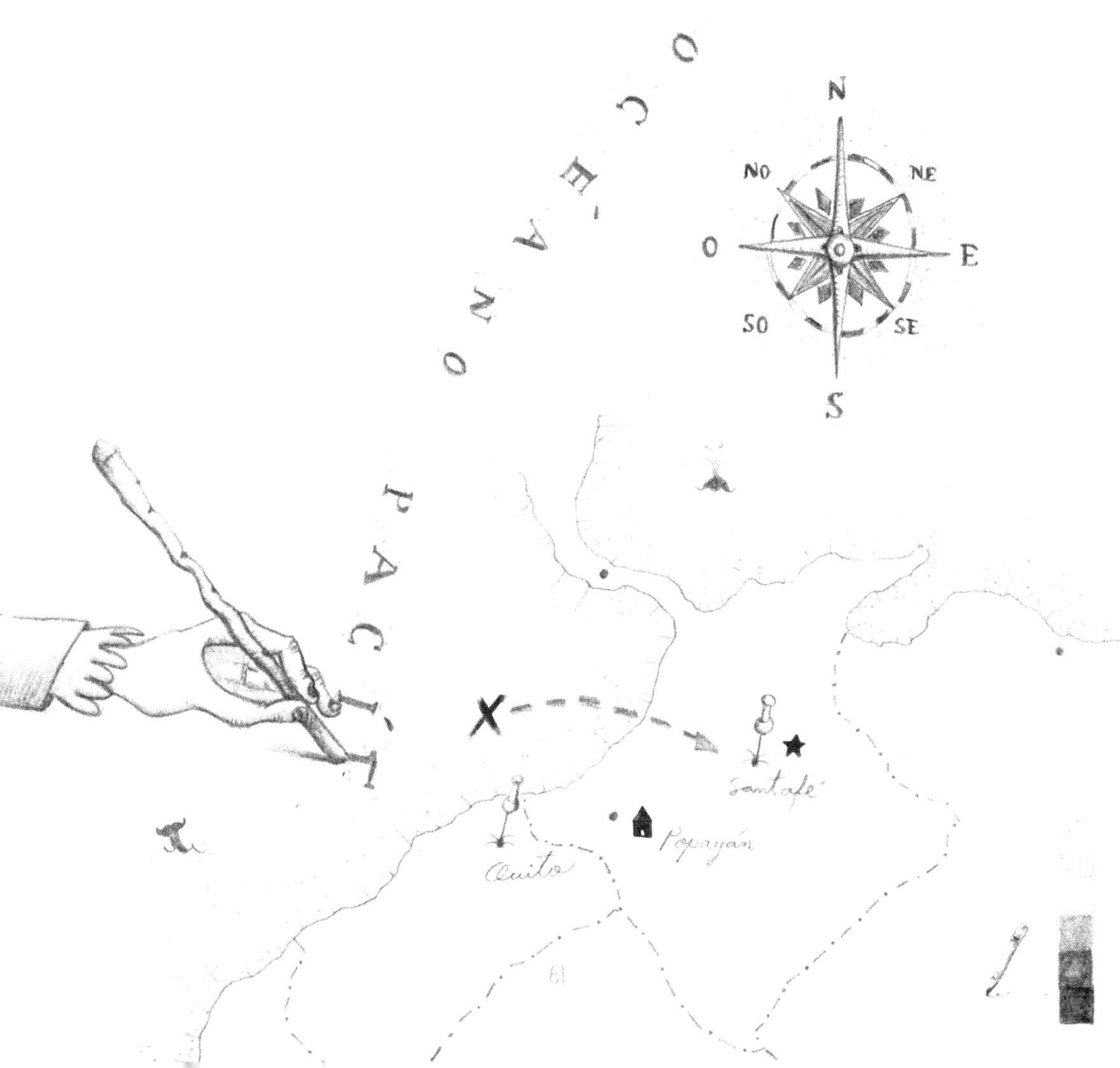

OCÉANO
PACÍFICO
N
NO
NE
O
E
SO
SE
S
Santafé
Popayán
Quito

La canoa avanza dando tumbos sobre el río embravecido que baja de lo alto de la cordillera. Los indios tratan de maniobrar pero puede más la corriente que los arrastra hasta una especie de playa rocosa. Caldas teme que sus papeles, dibujos e instrumentos caigan al agua, así que decide tomar un descanso.

- ¿Y estás seguro que por esta vía llegaremos al mar? -pregunta Caldas dirigiéndose al peón indio que hace de capataz.

- Pss, eso dicen pu'aquí sumercé. Que todos los ríos llevan al mar. Que se diga que yo haya visto el mar, pss la verdad no, pero unos paisanos lo aseguran.

- Vaya aventuras en las que yo me meto. Cuando no se trata de mulas resabiadas y tercas, o de caminos intransitables, me toca lidiar con canoas y ríos turbulentos -dice Caldas en voz alta sin reparar en lo que hacen los indios.

- Tómese una chichita mi amo, eso le ayuda a no sentir las fatigas del viaje -le dice uno de los indios sonriendo con malicia.

- Ojalá pudiera disfrutar de esa bebida que los pone muy contentos, pero no debo distraerme en ociosidades inútiles. Las fiebres me agobian y esta condenada lluvia me impide observar las estrellas. Así que voy a dormir un poco.

Trata de conciliar el sueño pero no puede. Intenta hacer algunos cálculos pero el viento y la niebla se lo impiden. Mira hacia el firmamento y no ve más que una gran masa oscura e impenetrable. ¿Así será el mar?, piensa de pronto.

Al día siguiente se levanta muy temprano y aprovecha que sus acompañantes aún duermen a pierna suelta para escribir algunas cartas a sus amigos que hace tiempo lo tienen olvidado.

Les reclama por su silencio que ya completa cuatro meses. Les cuenta con todo fervor y con todo detalle sus trabajos, sus dificultades y sus proyectos.

- No descanso -querido Santiago-, midiendo las alturas de estas montañas que tanto impresionaron al barón de Humboldt. Ahora me dirijo hacia el mar Pacífico pues me han encargado que trace el mapa de un camino seguro, aunque no me pagan. Claro que el gobierno sí le cobra a todos los viajeros que lo transitan. ¿A dónde van a dar estos dineros? ¿Por qué no se usan para arreglar estas vías? Ni las mulas pueden dar un paso sin arriesgarse a caer a estos espantosos precipicios.

- Mi amo, doctor sabio, venga que se le enfría el cacao -, le grita uno de los indios que ya alista los preparativos para continuar la marcha.

- Por si fuera poco -le escribe a Mutis-, me toca viajar en una canoa que salta más que la mula más terca, lo que me produce mareos y me impide concentrarme. Sigo enfermo de fiebres pero si usted desea poseer una colección completa de todas las plantas de quina que se producen en estas comarcas, necesito que me envíe libros de botánica y un pintor. También me hace falta papel, por aquí escasea.

- Mi amo Caldas, venga y coma algo que mire cómo está de flaco y el camino es largo y culebrero- le repite uno de los indios que ya ha dado buena cuenta de unas arepas recién hechas y de varias tazas de chocolate caliente y espumoso.

En febrero de 1803, cerca de cumplir los 35 años, Francisco José de Caldas logra ver el mar por primera vez. Asombrado por su inmensidad piensa en todo lo que le falta por conocer.

¿Qué sorpresas se esconden bajo esa masa de agua inmensa como el firmamento?

Caldas se imagina atravesando el océano rumbo a Europa en un gran barco, cargado de plantas, mapas y todos sus trabajos. Sueña con ser recibido por los grandes sabios de ese lejano continente, con estar al lado de Humboldt para mostrarle al mundo que en estas tierras americanas florece, al lado de una nueva y exuberante vegetación, la pasión por el conocimiento. Que existen hombres como él que quieren saber en qué país habitan, que quieren ser útiles y, sobre todo, que quieren el progreso para todos sus habitantes.

Para regresar a Quito, Caldas elige una ruta diferente pues no pueden remontar los ríos que los condujeron hasta el mar en Barbacoas. Anda desesperado porque no tiene papel para escribir ni para

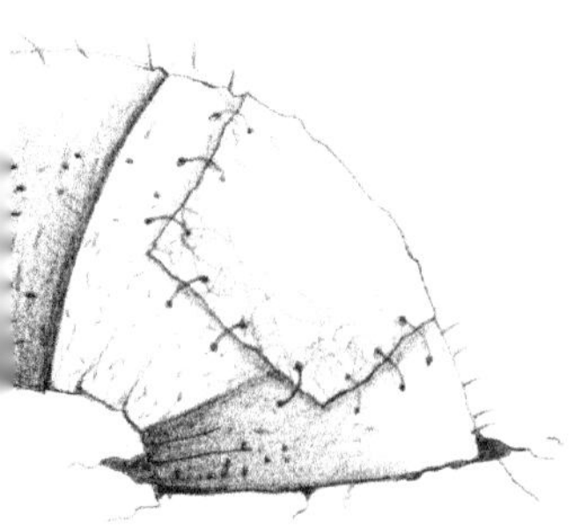
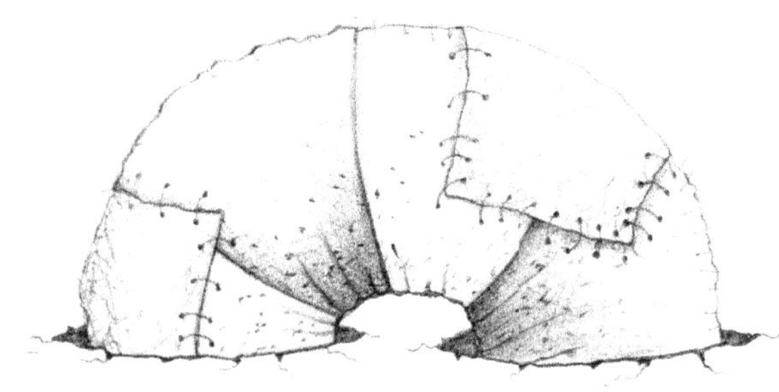

disecar las plantas que recoge. Tampoco tiene tinta china y le toca conformarse con un cabo de lápiz que apenas sí escribe.

De repente, una de las mulas salta corcoveando lo que obliga a la caravana a detenerse.

- ¿Qué le ocurre a la mula? -pregunta Francisco José, un poco molesto por el cansancio.

- Pss, sumercé, mi amo es que pu'aquí es tierra de culebras. Una que llaman rabo de ají se atravesó y las mulas las olfatean -responde el indio que marcha adelante.

- ¿Y tú las conoces? ¿Sabe cuáles son venenosas? ¿podemos capturar algunas? -pregunta atropelladamente Francisco José. No había tenido oportunidad de dedicar su atención a estos reptiles.

- A ver mi amo. Vamos por partes, porque eso yo no cavilo tantas preguntas al tiempo. Es que sumercé habla muy rápido y cuando

acaba yo apenas estoy comenzando a entenderle.

- Bueno, bueno, cuéntame lo que sabes de las culebras y ya -remata Francisco José con ganas de obtener alguna información útil.

- Mi mama vieja es la que sabe. Ella dice que casi todas son animales del diablo. Cuando pican, eso la carne se pone morada, se hincha y si no se le da el cocimiento, pss, sumercé, hasta ahí llegó el fulano.

- ¿Y de qué plantas está hecho ese cocimiento? -interpela Caldas ansioso.

- Pos ahí se enreda todo, mi amo. Porque no está hecho sólo de una cosa.

- Bueno, bueno, ya no le des más vueltas al asunto. Al grano, explícame cómo se prepara esa bebida.

- Pss tanto como eso no puedo decírselo. No ve mi amo que es mi mama vieja la que sabe esos secretos. Ella me ha enseñado que el pájaro que llaman guaco se come las culebras y no le pasa nada. Ni se hincha, ni se pone morado y tampoco se muere.

- Ah, entonces el cocimiento está hecho es con la sustancia de esa ave. ¿Y tú la puedes reconocer?

- Ay mi amo, sumercé me va a confundir con tanta pregun-tadera. ¿Por eso es que le dicen sabio? -replica el indio tratando de no perder el hilo de la conversación-. ¿Y qué quiere decir eso dizque ave? No le cambie los nombres a las cosas, yo dije fue pájaro.

- Bueno, bueno, significa lo mismo ave que pájaro. En fin, no entiendes las cosas de la ciencia. Termina el cuento.

- Bueno mi amo. Pss lo que pasa es que el pájaro también come de unas yerbas que se dan por ahí mismito donde andan las culebras y que llaman contras. Espérese tantico que ya le traigo unas cuantas -concluye el indio adentrándose en la selva.

A pesar del afán por regresar, Caldas hace detener la caravana el tiempo necesario para que el indio regrese trayendo las plantas que le prometió. Mientras tanto, se dedica a hacer anotaciones en su cuaderno. Está feliz por este nuevo descubrimiento.

Cuando el indio regresa con una brazada de tallos de bejuco, Caldas advierte que, aunque son muy parecidos, no son iguales. Insiste en preguntarle por el nombre de la planta, pero él, encogiendo los hombros, sólo pronuncia la palabra contras. Luego, reanudan la marcha en silencio.

Cuando llegan a la posada donde pasarán la noche, Francisco José escribe una carta para su amigo Santiago en la que le cuenta, extrañado, este suceso.

- Es asombroso -mi querido Santiago-, que este indio que no sabiendo leer ni escribir, y mucho menos tendrá idea de botánica, pueda reconocer tan fácilmente y sin equivocarse esta planta que puede curar la mordedura de serpiente. Aunque se guardó muy bien el secreto de la preparación del tal cocimiento.

Los tres años siguientes a su frustrado viaje con Humboldt, los dedica nuestro personaje a viajar y trabajar de manera frenética, a pesar de los climas malsanos que recorre y que lo mantienen enfermo de fiebres. También se queja de la falta de dinero para poder realizar sus proyectos. Por esta época, como ocurre desde tiempo atrás, Caldas puede sobrevivir gracias a la ayuda desinteresada de sus amigos y protectores pues no tiene un sueldo fijo.

Las últimas cartas que recibe de sus amigos le piden que anticipe su viaje a la capital del virreinato. El propio Mutis le escribe diciéndole que se encuentra muy enfermo y quiere que regrese y se instale en Santafé para que continúe con los trabajos de la Expedición Botánica.

Caldas vislumbra que sus esfuerzos empiezan a dar frutos. Tantos años lejos de su casa y de sus amigos, dedicado a lo que más le gusta, enfrentando obstáculos y penurias, parecen dar fruto.Por fin va a conocer personalmente al ilustre sabio José Celestino Mutis, y lo que es mejor, va a hacer parte de su equipo de trabajo. Embargado por la exaltación le escribe esta carta:

Pasto y abril 28 de 1805

Señor doctor don José Celestino Mutis.

*Mi generoso benefactor: hace varios días que estoy deteni-
do aquí por las continuas e interminables lluvias. Los caminos
se hallan intransitables. y los ríos demasiado crecidos. Sólo espero unos pocos días para pasar a Popayán. de donde escribiré*

también. Mi felicidad crece en razón de la menor distancia que hay entre Celestino Mutis y Caldas.

¡Cuánto deseo ver y tocar a una persona tan generosa, tan sabia, tan virtuosa! Dichoso yo si merezco tal felicidad.

No me he ocupado en todo este tránsito sino en recolectar cuanto vegetal he visto.

Ya se habrían multiplicado mis investigaciones si tuviese un termómetro. El último que me quedaba se quebró hace poco. Esto me anima a pedir a usted que me remita uno o dos a Popayán por el correo.

Deseo a usted una salud robusta, y que mande con imperio a su afectísimo y reconocido discípulo que besa su mano.

Francisco José de Caldas

El 10 de diciembre de 1805, los vecinos de Santafé que recorren el amino de Puente Aranda, se cruzan con una extraña caravana compuesta por una recua de mulas cargadas con dieciséis cargas de plantas y materiales extraños. La dirige un hombre que no parece indio ni mestizo. Adelante marchan algunos indios que se encargan de pregonar, a voz en cuello, que ha llegado el sabio, el ilustre viajero.

Francisco José de Caldas tiene 37 años cuando llega, por tercera vez en su vida, a Santafé, capital del Virreinato de la Nueva Granada.

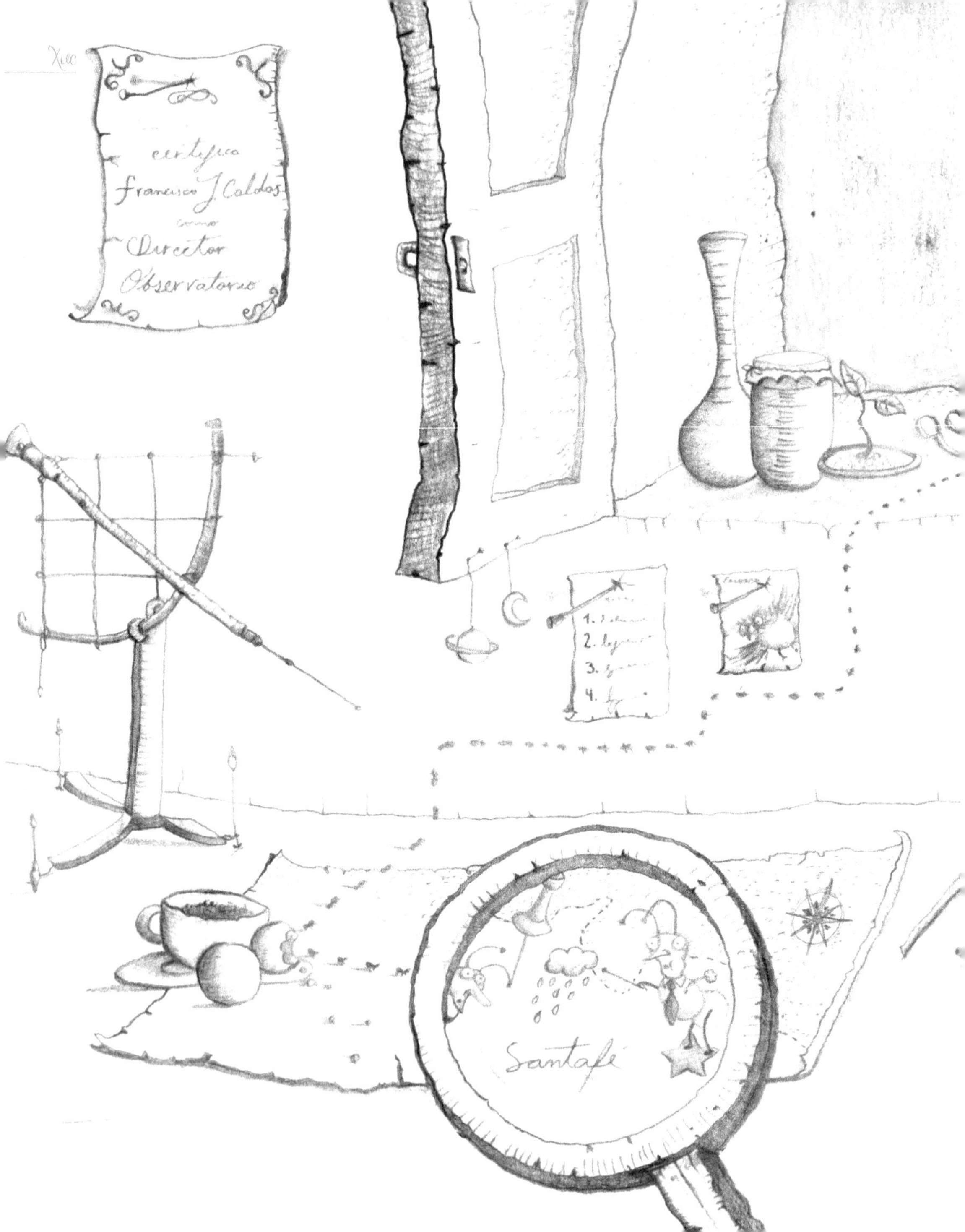
certifica
Francisco J Caldas
como
Director
Observatorio
Santafé

LAS ESTRELLAS PRESAGIAN TORMENTAS

Después de su llegada a Santafé, Caldas tiene la alegría de conocer personalmente a Mutis. Es nombrado director del Observatorio Astronómico y allí transcurre una etapa de su vida sin afanes económicos, entre libros e instrumentos científicos, haciendo observaciones astronómicas y ordenando sus proyectos inconclusos.

Al observatorio muy pocas personas pueden entrar. Trabaja sólo con un sirviente a quien le enseña todo lo necesario para que lo asista en sus complicadas tareas astronómicas. Para Caldas, éste es un sitio de recogimiento y trabajo por lo que no acepta visitas inoportunas.

Durante el año de 1806, le escribe a su amigo Antonio Arboleda:

- Querido Antonio, soy feliz en esta soledad, nada turba el reposo de mi trabajo sin testigos, y esto me trae la ventaja de la humildad. Dichoso el sabio que no se hincha con el orgullo vano de lo que hace. Más de uno envidia mi suerte en Santafé, más de uno cree injusto a Mutis en haber preferido a su sobrino, y todos están espantados con su sucesor. Todo el mundo pone sus ojos sobre mí.

Mutis, en la presentación de Caldas ante el virrey, lo designa como su sucesor en la dirección de la Expedición Botánica, lo que pone muy feliz a Caldas quien se considera el candidato mejor preparado para esta labor.

- He cumplido 73 años, gastados en el progreso de las ciencias. Siento que mis fuerzas se debilitan y mis trabajos aumentan.

Para poder continuar necesito un apoyo, un báculo, un hombre que sea el heredero de mis conocimientos. Este hombre es Francisco José de Caldas a quien presento ante Vuestra Excelencia termina su discurso el anciano Mutis.

Después de estas palabras, Caldas siente que por fin todas sus dificultades, sus esfuerzos y desvelos son recompensados. Se dedica con todas sus fuerzas a trabajar en el Observatorio, siendo a tal punto su dedicación que instala un catre de campaña junto al telescopio para no perder la más mínima oportunidad de realizar sus observaciones.

De repente, una gritería que escucha en el primer piso lo sobresalta.

- Doctor Caldas, doctor Caldas, ¿dónde se ha metido? doctor... -grita el sirviente, acezando por las empinadas escaleras que conducen a la sala octagonal ubicada en el último piso del segundo bloque del edificio.

Caldas persigue, a través del telescopio, a uno de lo satélites de Júpiter que insiste en esconderse entre las nubes cósmicas. Murmura algunas palabras de enfado al escuchar los gritos de su sirviente que lo distraen de su tarea, la cual requiere mucha concentración.

- ¿Qué ocurre muchacho? Deja ese escándalo, ya te he enseñado que este es un templo de la ciencia en el que debes guardar respeto y, ante todo, silencio.

- Ay doctor, ya lo sé pero es que no puedo... -replica, sollozando el joven sirviente.

- Pues habla de una buena vez ¿Qué te pasa?

- A mí no me pasa nada, doctor, pero es que una mala noticia no puede darse en silencio -murmura el muchacho casi exhausto.

- Bueno, bueno, cálmate. ¿Cómo es eso de las malas noticias?

- Pues que se acaba de morir el doctor Mutis y mandan a avisarle para que se presente en seguida en la Casa de la Expedición donde todos están reunidos -todo esto lo suelta sin pausa hasta quedar sin resuello.

Francisco José no atina a comprender lo que alcanza a escuchar. Da una vuelta, pensativo, con las manos atrás, recorriendo el círculo de la sala donde está instalado el telescopio y regresa hasta donde el muchacho apenas se repone del esfuerzo.

- ¿Qué dijiste? ¿No te he enseñado que debes hablar pausado y con corrección?

- Ay, mi señor, que se murió el doctor Mutis y todos lo están esperando pa'l velorio, pero ya mismitico.

En su cabeza se confunden recuerdos, imágenes y deseos que no le permiten pensar con claridad. Permanece inmóvil, mirando hacia el cielo donde se asoman las primeras estrellas de la tarde y un resplandor rojizo en el horizonte anuncia las señales de una tormenta.

No acierta a comprender cómo pasaron tan rápido esos casi tres años desde que conoció personalmente a este ilustre sabio, protector y benefactor suyo y de la ciencia. Fue el primer maestro que se atrevió a enseñar matemáticas en estas tierras, desafiando la persecución de los religiosos dominicos prestos a encontrar herejías debajo de cualquier piedra.

Mientras alistan sus ropas y él toma un baño, muchas preguntas rondan su cabeza. ¿Qué pasará con él? ¿Podrá mantener su posición y sus privilegios económicos? ¿Otra vez tendrá que recurrir a sus amigos para sobrevivir? ¿Podrá continuar al frente de sus trabajos?

Mientras camina cabizbajo por las estrechas callejuelas llenas de desperdicios, Caldas abotona y desabotona nerviosamente los botones de su casaca hasta hacer saltar uno de ellos. La llovizna lo devuelve a la realidad y apresura el paso.

- Ya que estamos reunidos todos los interesados, procedo a leer el testamento de don José Celestino Mutis -pronuncia Salvador Rizo con voz grave. Todos carraspean y Caldas siente que su corazón va a romper el estrecho vestido que lo aprisiona-. Nombro como mi sucesor, jefe de la Expedición Botánica, en la sección de Flora, a mi sobrino Sinforoso Mutis, a Francisco José de Caldas lo nombro director del Observatorio Astronómico, a Salvador Rizo de la sección de pintores y a Jorge Tadeo Lozano, de la sección de zoología.

Caldas siente que su corazón da un vuelco. Por segunda vez experimenta una gran frustración. En medio del pesar que lo embarga por la muerte de Mutis, Caldas no se repone de este nuevo golpe de la fortuna que parece ensañarse contra él. Todo lo que le había prometido Mutis se esfuma en un instante y él no entiende por qué la providencia lo somete a estas pruebas.

Luego de la muerte de Mutis, los trabajos y las personas quedan en vilo mientras el virrey toma decisiones sobre el futuro de la Expedición. De nuevo, la suerte de Caldas está en suspenso y éste se atormenta pues no logra entender por qué no se le reconocen sus aportes y capacidades para continuar al frente de este gran proyecto.

Desesperado, escribe una carta a su amigo Santiago, el 6 de febrero de 1809, lamentándose de su incierto futuro.

- Mi querido Santiago, sé que usted se preocupa por saber de mi situación actual. Hasta hoy nada sabemos; el virrey cerró la casa y hace cinco meses que esperamos el nuevo plan y nuestro destino. Se dice que yo quedaré encargado del Observatorio. El señor Mutis pidió que se me asignaran mil pesos; quién sabe lo que hará el virrey. Mi estado presente es lamentable; se me privó de los auxilios de la casa, mesa, criados, luz, lavandera, y se puso en problema mi sueldo de cuatrocientos pesos. Sin los socorros que me han prestado los amigos, no habría podido subsistir. Por no llorar lástimas, no he querido hablar a usted de mi suerte; sépalas y calle.

Al poco tiempo, el virrey toma en cuenta lo dispuesto en el testamento de Mutis y confirma a Caldas en su cargo como astrónomo y auxiliar en tareas de botánica, nombrándolo como catedrático de matemáticas en el Colegio Mayor del Rosario.

Sin embargo, Francisco José no se siente satisfecho y lo expresa con amargura en carta a Santiago Arroyo, luego de soportar otro golpe que lo aflige en lo más profundo de su alma recia, la muerte de su padre.

- Aún no había enjugado las lágrimas de la pérdida de mi padre -querido Santiago-, cuando el virrey nos hizo saber su determinación. A mí me deja Jefe independiente en el Observatorio, con mil pesos. También me dio con elogio la cátedra de matemáticas, que hoy tiene doscientos pesos de renta. De este modo, mi Santiago, he asegurado el pan a los treinta y nueve años de trabajos. ¡Con qué lentitud y con qué miseria se pagan los conocimientos!

Durante esta época, ocurrían otros sucesos que preocupaban a las autoridades de Santafé. En España, la situación estaba complicada. Napoleón había invadido ese país con sus ejércitos y el rey había sido apresado.

Algunos criollos notables, amigos de Caldas, grupos de jóvenes estudiantes, viajeros extranjeros y otras personas se reunían en tertulias para leer e intercambiar libros y periódicos así como para comentar las noticias que llegaban de Europa y dc Estados Unidos.

Se vive un ambiente tenso pues las autoridades ven con sospecha esas reuniones. Desde hace años, los criollos y mestizos de la Nueva Granada expresan de distintas maneras su descontento por el trato a que son sometidos por los chapetones, y los rumores de una conspiración para independizarse de España crecen en la ciudad.

Un día, un grupo de amigos sorprende a Caldas mientras este trabaja en el Observatorio. Vienen alegres y entre bromas calman el enfado del sabio por distraerlo de sus ocupaciones.

- Caldas, no seas tan aburrido y atiende a tus amigos -dice uno de ellos.

- ¿A qué se debe esta visita tan sorpresiva? No me gusta que interrumpan mi trabajo, éste es un sitio dedicado a la ciencia, no a la juerga ni a la distracción mundana.

- Vamos, amigo Caldas, vives tan ensimismado mirando las estrellas que no te das por enterado de lo que ocurre a tu alrededor -lo increpa otro de los visitantes.

-¿Y qué es eso tan importante que debo saber? -responde Caldas.

- Querido Francisco, se avecinan sucesos que cambiarán nuestro destino.

- No me hables del destino -querido amigo-. Ya no sé qué esperar de esa fuerza que todo lo domina y se empeña en golpearme cada vez que estoy a punto de alcanzar algo.

- Deja el pesimismo Francisco José, no todo ha de ser malo para siempre -lo interrumpe su primo-. Ahora, el destino está en nuestras manos y ese destino es ser independientes de España.

- Nuestro destino está en la ciencia -replica Caldas-. Si queremos mejorarlo debemos conocer el país, hacer mapas, abrir caminos, saber qué cultivar; debemos dedicarnos al estudio si queremos ser libres.

- Para que podamos hacer eso es necesario reclamar nuestros derechos. ¿O es que se te olvida todo lo que has sufrido para lograrlo? -insiste su primo-. Necesitamos que nos permitas reunirnos aquí en el Observatorio, pues nadie sospecha de este sitio.

Durante los meses siguientes, el Observatorio se convierte en un lugar de reuniones clandestinas. Sin poderlo evitar, Caldas se ve involucrado en ese vórtice revolucionario que habrá de culminar el 20 de julio de 1810, con el grito de independencia.

Entretanto, Francisco José, creyendo tener asegurada una situación estable, decide casarse. Por consejo de uno de sus familiares lejanos, escoge a María Manuela Varona, joven huérfana de 19 años, quien vive en Popayán.

- La niña que pretendo -escribe Caldas en una petición para lograr consentimiento eclesiástico para su boda-, es pobre y se

halla oscurecida en Popayán. Sus padres, para que recibiese educación cristiana la entregaron a una tía quien generosamente la ha criado. Por otra parte tiene de 19 a 20 años según me han informado y tiene el riesgo de que por su pobreza y por la abundancia de mujeres, y falta de hombres que se advierte en Popayán, no pueda acomodarse en un matrimonio honesto, que es lo que yo pretendo.

A través de cartas se relaciona con ella. Luego de tres meses de correspondencia, sin conocerla personalmente, le propone matrimonio y ella acepta. Debido a sus ocupaciones, Caldas no puede abandonar Santafé por lo que decide casarse por poder.

Esto significa que la boda puede realizarse sin que él esté presente. Su amigo Antonio Arboleda, que vive en Popayán, es quien lo representa en la ceremonia celebrada el día 13 de mayo de 1810.

Sólo se encontrará con Manuela en Santafé, casi cinco meses después de haberse casado a la distancia. Sin embargo, le escribe cartas apasionadas a esa mujer, a la que aún no ha visto, declarándole su amor.

Santafé y junio de 1810

Señora doña María Manuela Varona.

Mi adorada señora: ¡con qué placer escribo a la que es el dulce objeto de mis amores! ¿Cuándo estrecharé entre mis brazos, cuándo verán mis ojos a la que me ha robado el corazón?

Perdona estos delirios de mi corazón amoroso. Tu nombre es más dulce que el panal para mis labios, ese nombre, Manuelita, es querido, idolatrado, no lo puedo apartar de mi memoria y hace mis delicias y embalsama todos mis momentos.

¡Qué largos se me hacen los días que separan los correos! ¡Qué dilatadas las semanas que deben pasar antes de que podamos vernos y estrecharnos! Mi dulce Manuelita, ven cuanto antes al seno de tu Caldas, al seno del amor, del respeto y de la estimación.

Permite que interrumpa mis amores con ideas de tristeza y de amargura. Ya sabes que mi querida madre no aprueba nuestro casamiento. Sé que son delicadezas de madre, pero es madre, y sólo este título basta para que condescendamos en todo con ella.

Te envío un cajoncito que contiene un sombrerito de paja para el camino. Es de copa un poco grande para ti, pero como lo has de poner sobre mantilla o sobre paño, te ajustará bien.

También te envío un pañuelo grande de muselina para que te cobijes en el camino; dos pañuelos para el pecho, seis pañuelos para las narices y tres pares de guantes de camino.

Además te envío un par de guantes de seda, tres cortes de zapatos bordados de seda, un anillo de esmeraldas, otro de rubí con esmeraldas, y en fin, otro de un diamantico y esmeraldas.

Necesito y espero que me mandes la medida del largo de tu pie y del grueso, tomado en el empeine en unas dos tiritas de papel, para prepararte los zapatos que usarás cuando te presente ante el virrey y la virreina.

Ya es tiempo que dejes a los directores de cartas. Cuando éramos pretendientes, cuando solo éramos amantes, no parecía tan mal que te valieses de ellos para escribirme, pero hoy que eres mitad de mi ser, hoy que eres mía, que debes reinar sola en mi pecho, debes decidirte a tomar solita la pluma y escribir a tu marido.

Dulce esposa, bella, noble Manuelita, ven breve a consolar a tu esposo que te ama.

Francisco José de Caldas

Caldas cumple 41 años sin que sus inquietudes y zozobras le permitan gozar de la comodidad y de la paz que siempre ha buscado. A pesar de su obsesiva aplicación en observar las estrellas, no puede adivinar que éstas presagian nuevas tormentas en su vida.

Tadeo.
Piso.

Una EXTRaÑA ViSiTANTE y uN AGiTADO DíA dE MERCADO

Caldas recorre la sala principal del observatorio, camina inquieto y habla en voz baja. Despacha con pretextos al criado aprendiz que viene a pedirle instrucciones sobre las observaciones astronómicas que están realizando, advirtiéndole que no lo moleste por ningún motivo.

Cuando el sirviente se aleja, de entre las sombras surge alguien envuelto en una gran capa negra y el nerviosismo de Francisco José aumenta. Dirigiéndose al personaje misterioso, le dice preocupado:

- Ya te he dicho que no me visites a estas horas. No es conveniente para tu reputación y yo tengo mucho trabajo y poco tiempo, así que es mejor que te marches.

Antes que hacer caso a lo que con angustia le pide Caldas, el personaje se despoja de la capa y del sombrero que cubren su rostro y su cuerpo, acomodándose lo mejor que puede sobre el catre de viajero que permanece allí, cerca al telescopio.

- Francisco José, ¿acaso no puedes tener unos muebles normales como todo el mundo? Deja de ser tan aburrido y siéntate aquí junto a mí que tengo mucho frío -exclama la mujer con acento extranjero, sacudiendo sus largos cabellos rubios-. Además me importa cinco mi reputación, que de eso no vivo.

- No sé qué quieres de mí, yo soy un hombre dedicado a la ciencia y al amor de mi amada Manuelita. Además respeto los preceptos católicos...

Caldas no alcanza a terminar la frase cuando la mujer lo rodea con sus brazos dándole un beso profundo y apasionado. Intenta zafarse de esta situación que lo confunde, siente que se ruboriza y no sabe cómo actuar.

- Vamos Francisco, no te resistas a tu naturaleza de hombre, déjate guiar por mis manos expertas y verás estrellas que no has observado con ningún telescopio.

- Mira la hora que es. Pronto llegarán algunos amigos y no quiero que te encuentren aquí, debes irte -susurra azorado Francisco José.

La mujer se levanta, enrolla la capa alrededor de su cuerpo, se cala el ancho sombrero y se escabulle rápidamente entre las sombras del edificio. Alcanza la puerta del Observatorio y se aleja por la estrecha y oscura callejuela que a esa hora permanece vacía. Sólo algunos perros disputan los desechos con los gallinazos. El velador anuncia con su silbato que se van a encender las candelas del alumbrado público.

Por estos días, Santafé es un hervidero de rumores y de reuniones nocturnas en distintos sitios de la ciudad; reina una agitación sorda que se siente en el aire.

Cerca de las ocho de la noche van llegando hasta el Observatorio, de una en una, varias personas que se deslizan pegadas a los muros del edificio. Al llegar a la puerta, cada quien golpea con una clave convenida de antemano y el criado franquea la entrada al visitante, luego de cerciorarse que el nombre está en la lista que le ha dado Caldas.

Los que allí se reúnen son conocidos de Caldas, algunos son funcionarios del gobierno, otros estudiantes, algunos clérigos, también llegan Sinforoso Mutis, Camilo Torres, primo de Francisco José, y el cura José Acevedo y Gómez. No son muchos, pues las autoridades andan muy atentas y sospechan de reuniones numerosas.

La reunión transcurre entre bromas, uno que otro brindis, pero se habla casi susurrando y el edificio permanece prácticamente a oscuras.

- Conque tienes un guardado, ¿no Francisco? -pregunta su primo-. Vamos, ya lo sabemos, pero dinos de quién se trata.

- No es lo que ustedes piensan -responde Caldas ruborizándose-. Más bien díganme cuál es el motivo de la reunión.

Todos comentan en voz baja la secreta aventura de Caldas con la desconocida mujer que lo visita en las tardes. De pronto, José

Acevedo y Gómez toma la palabra y exclama:

Ya todos sabemos que don Antonio Villavicencio se encuentra en la ciudad y trae noticias de España. Mañana viernes hemos preparado un agasajo a este ilustre personaje para manifestar el descontento que nos embarga, como criollos que somos.

- Sí, es el momento para actuar, es ahora o nunca -responde uno de los contertulios.

- Pero, pero... -balbucea Caldas-. Aún no entiendo qué es lo que harán.

- Lo que haremos... -le corrige su primo.

- Al grano -interrumpe Acevedo y Gómez-. Las autoridades ya saben de nuestros planes y tienen una lista con nuestros nombres y pronto empezarán a encarcelarnos uno a uno. Si no aprovechamos estos momentos de efervescencia para liberarnos de la tiranía de los españoles, todo se irá al diablo y nosotros seremos desterrados o ejecutados.

- ¿Pero acaso es tan grave lo que planean? -interviene Caldas y rechaza una copa que le ofrecen.

- Como ya está decidido, aprovecharemos el día de mañana para armar alborotos en toda la ciudad en contra de los chapetones. Luego, aprovechando el desorden, vamos a proclamar la independencia de España. Formaremos una Junta de Gobierno para asumir el destino de nuestra patria.

- ¿Ya todos saben lo que tienen que hacer mañana? -interpela
Acevedo y Gómez.

- Pues yo no -replica Caldas.

- No te preocupes primo -le dice Camilo-, por ahora con que
nos permitas reunirnos aquí en el Observatorio está bien. Además
estás a cargo del periódico y debes dedicarte a contar todo lo que
suceda.

Rápidamente se disuelve la reunión y todos abandonan el edificio esforzándose en pasar desapercibidos. Caldas se queda inquieto
y sin saber qué va a ocurrir el día siguiente. No puede dedicarse a
sus trabajos y tampoco puede dormir. Lo atormentan sentimientos
encontrados y la incertidumbre, de nuevo, frente a su futuro.

Desde el amanecer del viernes 20 de julio de 1810, la ciudad
se llena de gentes y de actividad frenética, pues es día de mercado. Una multitud llena la plaza mayor y las callejuelas aledañas
al palacio de gobierno.

Como siempre, la primera misa del día transcurre con nor-
malidad. Al salir, Caldas se reúne con sus amigos, hablan rápidamente y se dispersan mientras él se dirige al Observatorio. Se
encuentra atemorizado y piensa en su futuro y el de su esposa.
Ahora que ha logrado cierta estabilidad y cuando ha decidido
formar una familia, siente que una nube oscura de tormenta se
cierne sobre él y sobre el país.Pero este viernes no fue un día más

en Santafé. Ocurrieron sucesos que cambiarían la historia de sus habitantes. Caldas, encargado de la redacción del Diario Político, narra así lo sucedido.

Cuando transcurría la media mañana de este día, el español Josef Llorente, amigo de los españoles opresores de nuestra libertad, soltó una expresión poco decorosa para con los Americanos. Esta noticia se difundió con rapidez y exaltó los ánimos ya dispuestos a la venganza.

Grupos de criollos se paseaban alrededor de la tienda de Llorente con el enojo pintado en sus semblantes. En ese momento pasó un Americano que ignoraba lo sucedido y saludó con cortesía al español Llorente, en seguida fue reprendido por don Francisco Morales y ahí mismo saltó la chispa que formó el incendio y nuestra libertad.

Todos se agolpan frente a la tienda del español Llorente, los gritos atraen más gente y en un momento se vio a un pueblo numeroso reunido e indignado contra este español y sus amigos. Mucho trabajo le costó a don Josef Moledo aquietar por un instante los ánimos exaltados e impedir las funestas consecuencias que se temían. Aprovechando un descuido, el español se refugió en la casa de don Lorenzo Marroquín.

Siendo la una y media de la tarde, el español Llorente regresaba a su casa en una silla de manos, intentando ocultarse a la vista de un pueblo enfurecido pero esta precaución fue inútil. Alguien de la plebe gritó aquí llevan a Llorente y antes de que pudiera entrar en su casa, un pueblo inmenso se hallaba frente a ella resuelto a ponerlo preso y, tal vez, hasta a asesinarlo.

El alcalde de la ciudad, don José Miguel Pey, concurrió a sosegar este tumulto y a salvar la vida de este hombre desgraciado. A fuerza de promesas y empeñando el crédito de su autoridad, consiguió aquietar al pueblo, conduciendo a la cárcel a este español desconsiderado.

Luego de percatarse que Llorente queda en la cárcel, el pueblo vuelve todo su furor contra las casas de familias españolas y arroja su furia rompiendo a pedradas las vidrieras, forzando las puertas, registrando todo a su paso y emprendiendo a golpes con cuanto español se les atraviese.

Mientras la noche se acerca, los ánimos del pueblo cobran más fuerza aprovechando las tinieblas. Olas de gentes armadas refluyen desde todas partes hasta la plaza principal agolpándose frente al palacio de gobierno, y no se oye otra voz que *Cabildo abierto, Cabildo abierto.*

El pueblo expresa su más viva inquietud con gritos de abajo los chapetones y obliga al Teniente Coronel don Josef Moledo a ir hasta la casa del virrey para transmitirle sus peticiones. Al primer intento el virrey se niega, pero la ira del pueblo no está para aceptar negativas.

Al calor de los acontecimientos, nuevos grupos de criollos asedian la casa del virrey con sus gritos y proclamas. Finalmente, uno de sus amigos más cercanos le aconseja que conceda cuanto el pueblo le pida si quiere salvar su vida, sus intereses y si quiere evitar un gran derramamiento de sangre.

A las seis y media de la noche el pueblo hace tocar a fuego en la Catedral y en todas las iglesias para llamar a las gentes que se encontraban dispersas. Estos grandes clamores atemorizan a todos los funcionarios del gobierno. Tiembla el virrey en su palacio y sabe que las armas, en las que tanto ha confiado, son unos instrumentos impotentes y débiles que no traen sino ruina.

El pueblo se traslada a las casas consistoriales, reúne a los alcaldes y a los regidores, participan los vecinos y, a pesar del virrey, se inaugura un Cabildo Abierto.

¿Cómo pintar los debates, las arengas, el calor y las agitaciones de este pueblo inmenso, enérgico y activo? ¿Cómo describir las acciones de todos aquellos personajes como Pey, Baraya, Pardo, Gómez, Herrera, Azuero, Gutiérrez, Carbonell, todos celosos de nuestra libertad?

Perdonen la impotencia de mi pluma que no alcanza a registrar todos los pormenores de este agitado día de mercado, para siempre memorable.

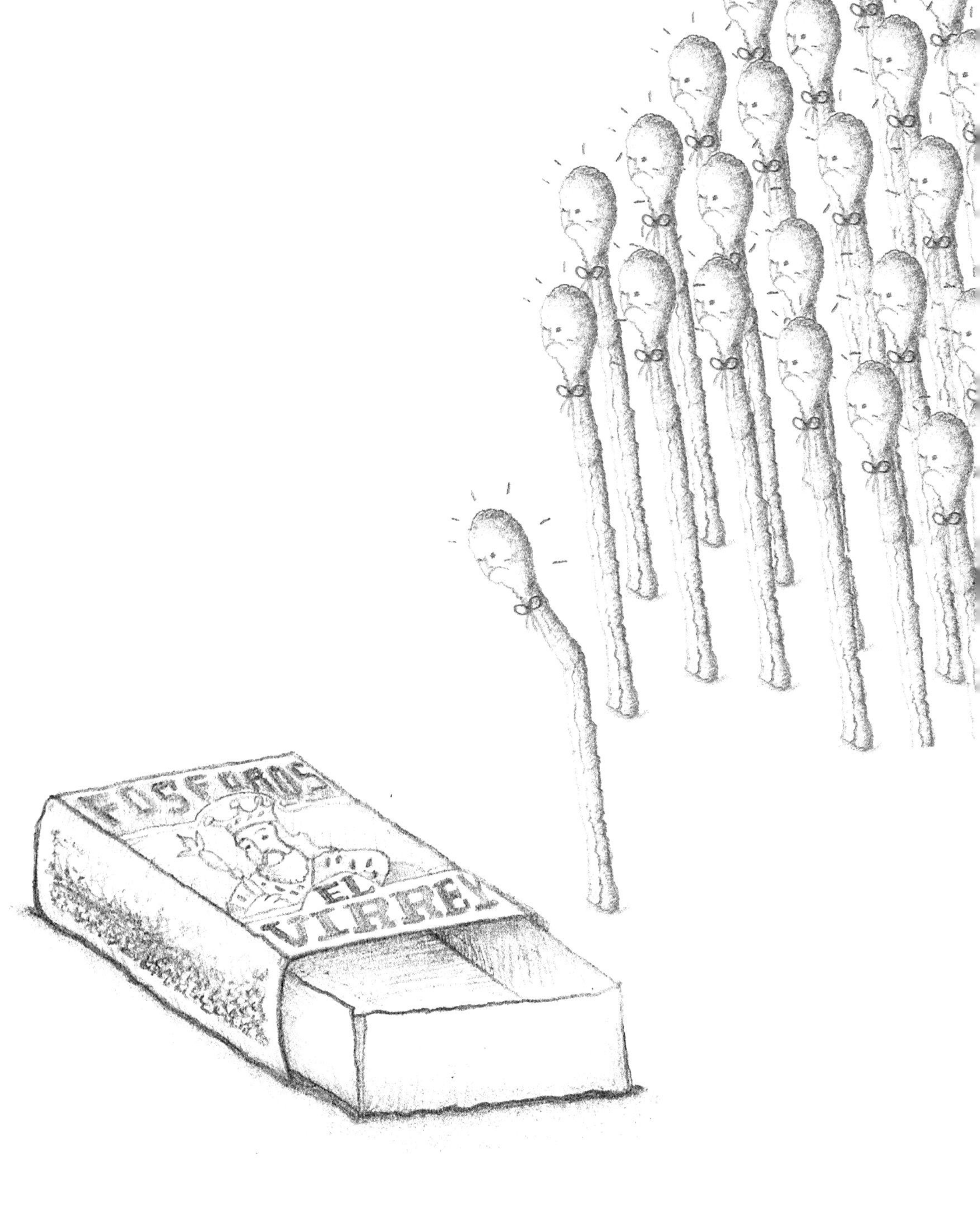
FOSFOROS
EL
VIRREY

PATRIA BOBA
TORRES
1810 - 1819

Y AHORA
¿QUIÉN MANDA A QUIÉN?

Apaciguados los acontecimientos del 20 de julio de 1810, todo cambió para Caldas. Nuevas obligaciones ocuparon su atención distrayendo sus estudios científicos. A cargo del Diario Político, tiene que ocuparse en dar testimonio escrito de los hechos que convulsionan al virreinato.

Él suspira por encontrarse con su amada Manuelita a quien no ha tenido ocasión de estrechar entre sus brazos. Sólo hasta agosto tiene tiempo de escribirle una carta a esa esposa, a quien todavía no conoce personalmente.

Santafé y agosto 6 de 1810

Mi amada Manuelita: ya te considero en La Plata. y yo sin poder salir a recibirte como te lo había ofrecido. Ya sabrás la revolución terrible que ha ocurrido en el Gobierno. Yo he salido ileso. gracias al Señor y sólo te deseo para resolver sobre mi suerte. Ven breve. pues estoy muy arriesgado a que la Junta Suprema me envíe en comisión a cualquier región donde se me necesite.

¿Tendrás. ídolo de mi corazón. valor para seguirme en mi correría? Nada sé de positivo: pero. lo preveo. Se habla mucho ahora sobre la reforma del Observatorio y de la Expedición

Botánica. se trata de elevarme o de quedar en la calle. ¿Cómo puedo dejar a Santafé en estas terribles circunstancias. sin poder verte y estrecharte en mis brazos? No puedo hacerlo Manuelita mía.

Tú tienes talento y conoces la urgencia de tu esposo. Serénate. no te enojes porque no vaya a La Plata. Perdona a tu Francisco que te idolatra. Que esto te sirva de estímulo para acelerar tu marcha hacia Santafé cuanto antes.

Yo saldré a La Mesa en donde nos veremos. Escríbeme de todas partes. Ya todo está quieto. ven sin cuidado. y ámame como te ama tu Francisco José.

Por esta época, Caldas no sabe a qué atenerse. De repente, todo lo que había logrado bajo la protección del virrey se desvanece en el aire. Éste ha sido depuesto y encarcelado, siendo reemplazado por un nuevo gobierno formado por muchos de sus amigos, y aunque siente temor por lo que le depara el destino, se aplica con todo entusiasmo a las nuevas tareas que le son confiadas.

Finalmente, su anhelado encuentro con Manuelita ocurre a finales de octubre de este año de 1810. Pero suceden tantas cosas inesperadas y novedosas que empujan el tiempo más aprisa que de costumbre. Cuando su esposa le anuncia que va a dar a luz a su primer hijo, Caldas se sorprende.

- Mi querida Manuela, hace un año no te conocía y ansiaba verte. Ahora estamos juntos y vamos a tener un hijo. Ya soy padre. Lo llamaremos Liborio María y ha de reforzar el vínculo que nos une, además será el heredero del cuadrante y el telescopio -le dice con cariño a su esposa.

- Ay, Francisco José, siempre me hablas con palabras bonitas pero que no sé si creerlas o no. ¿Cómo vamos a criar a este niño en medio de tantas preocupaciones?

- No te preocupes Manuelita, la nueva Junta de Gobierno ha decidido que yo siga trabajando en el Observatorio y dictando la clase de matemáticas. Espero darles todas las comodidades que se merecen tú y nuestro primogénito.

- ¿Cuándo nos vamos a mudar a nuestra casa? Estoy cansada de andar empacando y desempacando maletas. Además te he escuchado hablar que piensas viajar a Caracas y no sé qué futuro nos espera.

- No te preocupes que el nuevo gobierno tiene planes ambiciosos y yo espero tener una colocación en ellos. No puedo negarme a servir a mi patria, siempre que ésta nos provea una decente y cómoda subsistencia. Espero un sueldo que no baje de 2.000 pesos.

Al poco tiempo, Caldas se ve involucrado sin buscarlo, en las disputas que empiezan a enfrentar a todos aquellos que habían sido sus amigos y cómplices en la aventura de independencia. Nariño, quien ha sido designado presidente, lo nombra capitán del Cuerpo de Ingenieros Cosmógrafos.

Cuando cumple 43 años, nace su hijo mayor y tiene que distraerse de la botánica, de la astronomía y de la geografía que fueran su pasión, para asumir nuevas tareas, ahora como militar.

- Mi querido Caldas, después de matar el tigre nos asustamos con el cuero -le confiesa Antonio Baraya-. Cada quien tiene su propia idea de independencia, no hay manera de ponerlos de acuerdo.

- ¿Y eso justifica entonces que la única manera de resolver nuestros problemas sea mediante la guerra? -replica Caldas, cuando su amigo Antonio le comunica que debe acompañarlo en misión militar a Tunja.

Caldas tiene que abandonar a su familia pues se ve obligado a servir a la patria, como lo expresa en carta a su amigo Santiago Arroyo.

- Mi querido Santiago, ya soy padre. Mi Manuelita me dio a luz el 23 de julio un niño a quien llamé Liborio María. Ahora soy ingeniero y para la defensa de la patria me he visto precisado a consagrarme al estudio de la fortificación y la artillería. Es verdad que tienen encanto estas ciencias horribles; pero nada de la majestad y de la grandeza de los cielos.

Durante 1812 emprende el viaje a Tunja. Al llegar a una posada, se sienta a la mesa y mientras espera que le sirvan la comida,

entabla conversación con un paisano de la región.

- ¿A dónde va sumercé, mi amo? Usted no parece militar.

- Yo soy ingeniero y sigo a la tropa que pasó por aquí hace tres días -responde Caldas.

- Ay mi doctor, ¿esa tropa que dicen que va a conquistar a Tunja, a Pamplona, al Socorro y los Llanos? Eso dicen las malas lenguas.

- Yo no sé de lo que usted habla.

- Pues yo sí sé, mi amo. Desde que nos engañaron diciéndonos que íbamos a ser bienaventurados derribando al amo virrey, no somos sino desgraciados. Tengo setenta años y no había derramado lágrimas hasta ahora.

- ¿Y por qué se lamenta usted?

- Mi doctor, se ve que usted es muy entendido y por eso le cuento. Tengo un hijo, el único consuelo de mi vejez, el que cuidaba de mis cuatro vaquitas, de mis ovejas. El que me hacía el mercado en Zipaquirá, el que ponía en orden mi pobre rancho, el que me calentaba los pies por la noche, me lo arrancaron para soldado.

Caldas escucha al viejo hablando entre sollozos y lágrimas y no puede articular palabra alguna. Sin poder contenerse, llora con el viejo. Siente su corazón partido y desgarrado por el dolor.

- ¿Sumercé tiene hijos? -remata el viejo.

- Sí, tengo uno en la cuna.

- Ay mi amo, Dios se lo guarde para que no lo tenga que enviar a la guerra de cristianos contra cristianos.

Mientras permanece en Tunja, surgen disputas y se forman dos bandos que se enfrentan por ganar el control del gobierno. El de los carracos, liderado por Nariño busca concentrar el poder en Santafé y el de los pateadores, liderado por Camilo Torres, que busca mantener la autonomía política de las distintas regiones.

Caldas termina involucrándose en el bando de los pateadores debido a sus diferencias con Nariño y Jorge Tadeo Lozano. Esto le acarrea consecuencias funestas pues el gobierno de Santafé emprende una persecución contra su familia y sus bienes.

Francisco José de Caldas vive una época confusa que lo llena de incertidumbre. No está seguro de que tomar partido sea lo mejor pero se ve forzado a ello por las circunstancias.

- Mi querido Antonio -escribe-, hace más de un mes que nos tienen acantonados en Tunja, por intrigas ambiciosas de Nariño quien no quiere sino dividir para reinar. No he tenido parte en estos proyectos de esclavitud ya que vengo forzado y oprimido. Juro que no he dado un solo paso para subyugar a estos pueblos inocentes. Quiera Dios que la posteridad perdone a unos ciudadanos indignos de este nombre, por sus crímenes.

Lo preocupa la suerte de su esposa y su hijo quienes permanecen en Santafé, siendo objeto de la venganza de sus enemigos.

Le escribe sucesivas cartas a Manuelita, dándole instrucciones
sobre el manejo de sus bienes y consolándola de todos los pesares
que le causa su separación.

- Mi adorada Manuelita, no dudo que Nariño te oprima por ser
la esposa de un hombre que ama la libertad, pero no temas que
pronto serás libre. Cuida a Liborito y no te asustes por nada que allá
iré pronto. Te envío cien pesos en oro y si es preciso esconderte,
escóndete, lo mismo que mis papeles y libros. No des las llaves del
Observatorio, y di que yo las tengo.

Días después de saber que sus bienes han sido embargados y
que su segundo hijo está por nacer, le escribe a su esposa aconse-
jándole cómo enfrentar la situación a la que se encuentra expuesta.
También le expresa sus inquietudes y desconcierto por el rumbo
que han tomado los acontecimientos después del agitado 20 de julio. Caldas intuye que nada bueno puede resultar de todo este caos.

Tunja

*Mi amada Manuelita: creo que te inquietas porque el gran pí-
caro de Carbonell ha embargado mis bienes; pero consuélate que
pronto los desembargará y tú verás a tu Caldas. Yo estoy sano
y más gordo de lo que salí pues no dejo de comer y de dormir.
Sólo me aflige el verte triste.*

Recibí el envío y estoy con salud y con mis granos que no se empeoran y que no se quitan. Hace quince días que estamos aquí sin saber cuándo partiremos. ni cuánto durará la expedición. Puede ser que las cosas cambien y que Dios me restituya a mi casa. lo que deseo con ansia.

Cuidado con Liborito y con el que tienes en el vientre; cuídate mucho y has ejercicio desde que te sientas en los siete meses para tener un parto fácil. Te envío setenta pesos para tus gastos. Aquí he sabido que Nariño te ha retenido como rehén. es necesario que te armes de paciencia hasta que Dios te libre de quienes te abominan por ser la esposa querida de un hombre que aborrece a los tiranos.

Yo te mando que vendas los muebles de casa como mesas. sillas. canapés y demás y que me traigas la Virgen. mis libros y mis instrumentos si este hombre cruel te permite salir de esa ciudad preciosa pero plagada de chisperos corrompidos y criminales. Nariño y Carbonell tiran a vengarse de mí con bajeza y con crueldad. ellos quieren tragarse mi imprenta y mis bienes. Quiero que escondas con todo esmero los globos. telescopio y libros que dejé en mi cuarto así como todos mis papeles y manuscritos. Sea lo que fuere. es preciso que ocultes todo cuanto puedas.

Tú no temas nada. aquí no se ha pensado en declarar la

guerra a Santafé: eso no cabe sino en la cabeza del miserable tirano. Repito que dejes la ciudad en el instante que Nariño te lo permita y que vengas a Tunja con el tío Manuel, en donde nos guardaremos de la venganza de ese gran pícaro. Que se pierda todo con tal que te salves con Liborito y mi familia. Acá viviremos pobres pero en paz, y con la dulce satisfacción de haber padecido por la patria.

Caldas.

Si bien Caldas es optimista frente a lo que ha de ocurrir, los hechos le mostrarán lo contrario, como ha ocurrido en ocasiones anteriores. Ni Manuelita tuvo un parto fácil, su hija Ignacia murió poco después de nacer, ni se mantuvo la paz pues los enfrentamientos militares se intensificaron.

Después de que los pateadores vencieran a los carracos en Ventaquemada, a comienzos de diciembre de 1812, Caldas es nombrado teniente coronel y se dedican a planear la toma de Santafé para instalar su gobierno.

Confiados por esta fácil victoria, el ejército pateador, liderado por Antonio Baraya, ataca a Santafé, en enero de 1813, pero son derrotados por el ejército al mando de Nariño.

Una vez más, la realidad se vuelve contra Caldas quien tiene que huir para salvar su vida. Preocupado por su familia, le escribe una carta a Nariño pidiéndole que le permita a su esposa salir de Santafé para reunirse con él. Planea abandonar "esta patria que no puede ser libre e ir a buscar lejos de aquí un asilo en que no vea corona ni oiga el nombre de reyes".

Por estos días, se encuentra en Cartago alistando los preparativos del viaje que los conducirá a Cartagena donde se darán a las velas para olvidar el suelo que lo vio nacer.

Viaje al fin de la noche oscura y sin estrellas

De camino hacia Cartagena en busca del exilio, Caldas llega a Antioquia donde es recibido con entusiasmo por algunos amigos y por el presidente de esta provincia, Juan del Corral, quien le encarga diferentes tareas, las que Francisco José asume con gran diligencia.

Esas tareas son el diseño y construcción de los fuertes en la frontera sur; el diseño y montaje de la nitrería; el montaje y dirección de la fábrica de pólvora y de los talleres donde fabricar fusiles; el trazado del camino al Chocó; la fabricación de máquinas para acuñar moneda y el proyecto y desarrollo de la Escuela Militar, de Cadetes o de Ingenieros.

Caldas diseña, dibuja los planos y, aprendiendo arquitectura sobre el terreno, dirige la construcción de los fuertes. Termina este trabajo a finales de septiembre de 1813 y comunica sus resultados con gran entusiasmo.

- Creo que hemos opuesto a los salteadores de España, barreras más difíciles de vencer que los muros de Babilonia.

No sospecha este improvisado arquitecto la magnitud de la fuerza militar puesta en marcha por España, al mando de Pablo Morillo, para reconquistar la Nueva Granada.

Entre mayo de 1813 y septiembre de 1815, Caldas permanece en Antioquia dedicado a la realización de estas tareas para las que no se siente preparado. Sin embargo, lo anima el fervor patriótico.

Para llevar a cabo estas improvisadas y urgentes empresas recurre a los libros, aprendiendo de los artesanos, herreros, plateros y maestros de construcción que busca para que le ayuden; pero ante todo, poniendo en juego su creatividad y su entusiasmo.

En febrero de 1815, en comunicación al gobierno de Antioquia informa que ha quedado listo un molino de pólvora, en el edificio junto a la nitrería, que es donde se procesan las tierras y materiales para obtener la materia prima con la cual fabricar la pólvora.

También queda lista una rueda hidráulica de 78 pulgadas de radio, de madera trabada por un método original, sin clavazón ni herraje alguno, la cual mueve cuatro pilones de a cien libras de peso, que da hasta treinta y seis golpes por minuto en los respectivos morteros. Los fondos de éstos, son piezas separadas que descansan sobre tortas de caucho. La rueda puede ser detenida instantáneamente, por el esfuerzo de un dedo.

Al realizar una prueba con la pólvora recién fabricada, Francisco José recuerda la noche en que vio por primera vez una lluvia de estrellas producida por esta misma sustancia que ahora será utilizada para la destrucción. Piensa en cómo han cambiado los rumbos de su vida, siempre de manera sorpresiva, torciendo su fortuna y enfrentándolo a los abismos de la incertidumbre.

Se queja de no poseer los conocimientos ni los libros necesarios que le faciliten su tarea como químico, arquitecto, fundidor, armero, y hasta inventor improvisado.

- Obstinado en mi empresa -escribe en una de sus últimas cartas-, armado de paciencia y sepultado más de dos meses entre los carbones y hollines de la maestranza de Rionegro, preguntando a la naturaleza y arrancándole sus secretos a fuerza de observaciones y de experiencia.

Sin embargo, al cabo de los días anuncia que ya puede fabricar dos cañones de fusil por día y envía como muestra cuatro fusiles completos hechos en el taller que acaba de establecer.

Pero ya se cierne como negra sombra sobre el país la expedición de Pablo Morillo quien se toma a Cartagena el 6 de diciembre de 1815, a sangre y fuego, luego de someterla a un terrible asedio que deja miles ompañado de su familia con quien se ha reunido en Antioquia, llamado por Camilo Torres para que organice una Escuela Militar como la de Antioquia y para que se encargue de las fortificaciones de la Hacienda de Techo, que han de proteger a la ciudad de la reconquista española.

Los ejércitos de Pablo Morillo avanzan rápidamente en su expedición hacia el interior del país sofocando cualquier asomo de rebeldía con la muerte. A finales de abril de 1816, la toma de Santafé es inminente y los patriotas proponen negociar con el general Morillo y entregarle el gobierno, a cambio de un tratamiento que les permita salvar sus vidas y las de sus familias.

La fama de sanguinario y de hombre sin piedad, precede al español por lo que todos los habitantes del país tiemblan ante su nombre.

A finales de marzo, las tropas cercan la ciudad y los patriotas emprenden la huida en distintas direcciones. Algunos toman el camino de los Llanos de Casanare, otros eligen la ruta del sur que los lleve a Neiva, Popayán y Quito, o buscando la salida hacia el océano Pacífico donde puedan embarcarse rumbo al exilio.

Si en años anteriores Caldas había proyectado un viaje que le permitiera conocer estas tierras, ahora lo hace por la necesidad de salvar su vida. Piensa en Manuelita, su adorada Manuelita que está embarazada, y en sus dos hijos a quienes ha tenido que abandonar.

En la precipitud de su huida, escribe esta carta de despedida, la cual acompaña con unas gallinas de Guinea, cuya cría se proponía adelantar.

Mesa de Juan Díaz y marzo 31 de 1816.

(Muy reservada)

Mi querida y amada Manuelita: el adiós que te di puede ser el último si los españoles nos subyugan. porque estoy en la firme resolución de abandonar esta patria que me dio el ser antes que sufrir los escarnios. calabozos y suplicios que nos preparan nuestros enemigos. En este caso yo debo abrirte mi corazón. y como esposo y como padre debo darte mis últimos consejos.

Óyeme bien, óyeme con la mayor atención: lee muchas veces esta carta y si puedes léela todos los días de tu vida y la muestras a Juliana y al fruto que tienes todavía en las entrañas. Mi corazón se despedaza y mis ojos, anegados en lágrimas, forman estos renglones, y esta última prenda de mi amor y mi fidelidad. Cuida de la educación de Julianita y del hijo que tienes en el vientre; enséñales a temer a Dios, y aunque huérfanos y pobres, que sean virtuosos; esto lo conseguirás con darles tú el ejemplo.

Si Dios mejora las cosas, y si quiere que yo te vuelva a ver, éste será mi único cuidado.

Todos mis bienes son para pagar lo que deba, y lo que sobre para ti y para que te alimentes.

Es mi voluntad que cuando se calmen las turbaciones actuales, te traslades a tu familia y al lado de tu tía. Oye bien este precepto que te impone tu esposo y cúmplelo fielmente.

Guárdame en tu corazón, ámame, que yo te guardo en el mío, y te amaré hasta la muerte.

Adiós, recibe el alma de tu atribulado esposo.

Caldas.

Nunca supo Caldas que en el momento de escribir esta carta,

su hijo mayor fallecía.

Francisco José tomó el camino de Popayán pero ya las tropas españolas que venían del sur, al mando de Sámano, estaban cerca de la ciudad por lo que Caldas y dos amigos buscaron refugio en la hacienda familiar llamada *Paispamba*.

. Allí los sorprende una patrulla militar mientras intentan dormir.

- ¿Y ustedes qué hacen pu'aquí, mis doctores? - los despierta la voz del comandante y la punta de las bayonetas que se hunden en sus costillas.

- Vamos de viaje hacia Quito -responde atolondrado uno de ellos.

- ¿De viaje y sin equipaje, eso está muy raro? -comenta con ironía el militar-. A ver ¿cuál de ustedes es el que llaman sabio Caldas?

Todos se miran entre sí temiendo lo peor. De repente, Caldas da un paso al frente y con arrogancia encara al comandante que es un mestizo de la región.

- Yo soy Francisco José de Caldas ¿quién pregunta?

- Mis respetos doctor Caldas, soy Simón Muñoz y conozco a su familia. Sé que usted es un gran sabio -dice respetuosamente el mestizo mientras alarga la mano para saludarlo -. ¿Por qué sumercé anda metido en estas torceduras?

- Soy un patriota que ama la libertad.

- Tranquilo mi doctor, tranquilo que eso yo lo sé -replica en tono conciliador Simón-. Admiro su valor y lealtad, algo de lo que esos a quienes defiende no tienen ni idea.

- ¿Por qué lo dice?

- Pues uno de los sirvientes de su casa no dudó en acusarlo. ¿Cree que lo que usted hace vale la pena?

Una vez que los han encadenado, emprenden el camino hacia Popayán. Al poco tiempo, Simón deja que los dos amigos de Caldas se adelanten mientras se queda a solas con el sabio.

- Sumercé, vea que yo lo puedo ayudar. Yo tengo en gran estima a su familia y sé que no representa peligro alguno. Mírese nada más cómo está de flaco y ojeroso.

- ¿Y cómo puede ayudarme?

- Pues lo puedo enviar a Quito. Allí el presidente don Toribio Montes tendrá clemencia con su persona.

- ¿Y eso vale también para mis amigos?

- Ay, mi doctor. Lo siento pero eso no puedo hacerlo, debo entregar a alguien ¿no? Sumercé me entiende.

Caldas insiste ante Simón para que lo deje marchar en compañía de sus amigos. Como el comandante se muestra inflexible, Caldas asume una actitud solidaria y se niega a abandonar a sus compañeros.

- Ay, sumercé, de nuevo admiro su valor y lealtad que en estos tiempos no se dan de a mucho. Me queda la conciencia limpia

-concluye el mestizo Simón, dando orden que los encierren en la cárcel de Popayán.

Durante los días siguientes, muchas solicitudes de clemencia se dirigen a distintas autoridades españolas, pidiendo que Caldas sea trasladado a Quito. Todas obtienen como respuesta una rotunda negativa y, como siempre, en medio de estas circunstancias Caldas recibe otro golpe terrible. Su madre, doña Vicenta, muere suplicando ante distintas autoridades por la vida de Francisco José.

Por su parte, Caldas se dedica a escribir y enviar cartas en las que aboga por su vida explicando la naturaleza y utilidad de sus descubrimientos para el progreso del reino y mayor nombre de Su Majestad, don Fernando VII.

Finalmente, después de que Sámano se niega a enviarlo a Quito como se lo ordena el presidente Montes, Caldas es conducido a Santafé, a donde llega a mediados de octubre de 1816 y es encerrado en al Colegio Mayor del Rosario. Es la cuarta vez que regresa a Santafé y la tercera que ingresa a este claustro, pero esta vez no es para servir a la ciencia sino para ser tratado como un criminal.

Esto lo expresa en una carta que envía a Pascual Enrile, segundo comandante de las tropas españolas y científico como él, y en cuyas manos quedó su suerte después del consejo de guerra en que fue condenado a ser pasado por las armas, el día 26 de octubre.

- Un astrónomo desgraciado se dirige directamente a Vuestra

Excelencia sin otro mérito que saber que Vuestra Excelencia profesa las ciencias exactas y que conoce su importancia y su mérito. Esta es una ventaja para mí, y confiado en ella ruego a V: E. que preste un momento su atención a un profesor desgraciado y afligido.

Caldas confía en que Enrile, por el hecho de dedicarse a la astronomía, valore sus trabajos realizados así como sus proyectos futuros.

- Es verdad, señor, que me dejé arrebatar del torrente contagioso de esta desastrosa revolución, y que he cometido en ella algunos errores; pero también es verdad que mi conducta ha sido la más moderada. No he causado daño a ningún español y no he sido funcionario del nuevo gobierno, ni he tomado las armas contra las tropas del rey.

El rey Fernando VII había promulgado el indulto para quienes se entregaran y se sometieran a la autoridad del rey.

- Toda mi vida la he consumido, señor, en cultivar la astronomía aplicada a la geografía y la navegación, a la física y a la historia natural.

A continuación, Caldas realiza un exhaustivo inventario de sus avances y de todos los proyectos para completar los objetivos de la Expedición Botánica, apelando a su cercana relación con Mutis y con Humboldt. Resaltando los servicios que, si le perdonan la vida, puede prestarle a España, solicita de manera angustiosa le sea concedida la clemencia.

- Señor, Jefe ilustrado y sabio de un ejército victorioso, señor, salve V. E., en este desgraciado todo ese cúmulo de numerosos descubrimientos, de ideas felices, y las semillas de tantas obras importantes que harían honor al nombre español. Señor, socorra a un desgraciado que está penetrado del más vivo arrepentimiento de haber tomado parte en esta abominable revolución, tenga V. E. piedad de mí, téngala de mi desgraciada familia y salveme por el rey y por su honor.

Esta extensa carta no merece sino un lacónico comentario que sella la suerte de Francisco José.

- España no necesita sabios -exclama Enrile, sonriendo irónico.

En la mañana del 30 de octubre, Santafé amanece cubierta de una densa niebla que baja de los cerros de oriente y una fuerte llovizna aleja a los transeúntes de la Calle Real. A las once de la mañana, un cortejo compuesto por cuatro condenados a muerte y un piquete de soldados, sale del Colegio del Rosario y se dirige rápidamente hacia la Plaza de San Francisco.

Encadenados marchan Francisco José de Caldas, su paisano Francisco Antonio Ulloa, el poeta José Miguel Montalvo y el catalán Miguel Buch. Con paso marcial llegan al sitio donde, luego de una ceremonia de pocos minutos, se da la orden de fuego.

Los fusiles, accionados por la pólvora que una noche de su

infancia lo deslumbrara al producir una lluvia de estrellas, acaban
con su vida. Lo último que ve es un fogonazo de todos los colores
y siente que muere sin entender el misterio de este invento. Los
disparos espantan a las palomas y a los perros que merodean entre
los desechos en busca de alimento.

Un escueto comunicado del 30 de octubre de
1816, da cuenta de ese suceso.

Melchor del Castaño, fiscal del consejo de
guerra, certifica que José de Caldas ha sido pasado
por las armas, hoy, a las once de la mañana, en la
Plaza de San Francisco, pasó 24 horas en capilla. Se
recogió su cadáver, con paz y caridad, y con las for-
malidades se le enterró en fosa común de la Iglesia
de La Veracruz. Edad, 48 años.

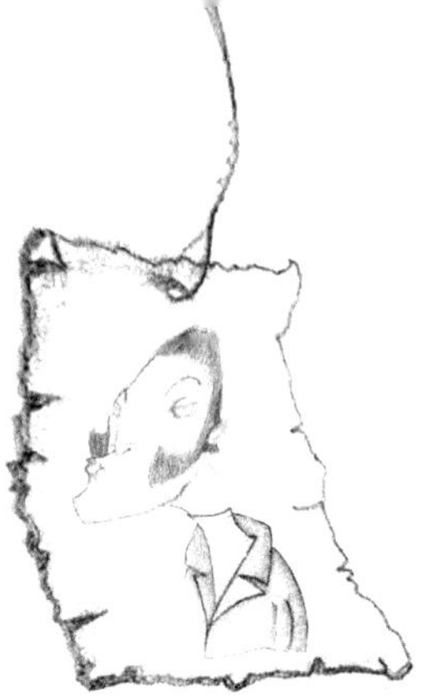

Biografia
del autor

Mauricio Contreras Hernández. Nació en Bogotá, pero a
los dos años lo montaron en un jeep destartalado en el
que recorrió selvas, ríos y pueblos que lo llevarían a la
Costa Atlántica, viaje del que tiene una memoria que cada
día es más exacta.

De nuevo, a los catorce emprendió otra travesía que lo
condujo a la Guajira de donde no sabe por qué regresó.
Algo de este asombro circula en las páginas de su libro
de poemas *Geografías*, publicado en 1988.

Estudió Química pero prefirió escribir poemas,
contar historias y plasmarlas en libros por lo que
se volvió editor, oficio que ocupa sus días.

De Caldas supo desde sus primeros años de escuela
y se interesó por conocer a fondo sus viajes, obras y
desventuras hace ya diez años. Un sabio no es como
lo pintan intenta recrear a este personaje y su contexto
histórico en la voz de su protagonista, con la ayuda de las
ilustraciones de Gio que le dan cuerpo a estas palabras.

Después de publicar tres libros de poemas, uno de
los cuales, *La herida intacta*, ganó el Premio Nacional
de Poesía "Ciudad de Bogotá-2005", anda divirtiéndose
recreando historias que pueda compartir con sus tres
pequeños sobrinos. De ello son testimonio los tres
primeros libros de mitos y leyendas que acaba de
publicar en la colección "Voces y huellas".

Biografía
del ilustrador

Giovanni Parrado. No hace mucho que sembré un naranjo.
Mientras éste crecía, pernoctaba esperando recibir cada
mañana el primer fruto esférico azucarado de este árbol.
¡Ha llegado el momento de la cosecha!

A mi cuarto de siglo en edad, estudio diseño gráfico
en la Universidad Nacional de Colombia y trabajo
como coctelero mayor con la puesta del sol.

Como un infante dejando atrás el gateo, quisiera
dedicar este primer paso a mi familia y a todos
aquellos que creyeron en mi trazo.

Mis más sinceros agradecimientos a la Cooperativa
Editorial Magisterio y a la colección Xue por haber
hecho posible, por medio del exprime, este delicioso
jugo de naranja granizado.